Matthias Milewski   Die Aufhebung des Bankgeheimnisses

Rechtswissenschaft, Band 1

Matthias Milewski

# Die Aufhebung des Bankgeheimnisses

## Eine Untersuchung der daraus resultierenden rechtlichen und wirtschaftlichen Auswirkungen

Frank & Timme
Verlag für wissenschaftliche Literatur

ISBN 978-3-86596-002-3



Printed in Germany
Gedruckt auf säurefreiem, alterungsbeständigem Papier.

www.frank-timme.de

„Wem Du ein großes Geheimnis anvertraust,
der wird zum Herren Deiner Freiheit“

**François de La Rochefoucauld**

## Inhaltsverzeichnis

# Literaturverzeichnis

**Bücher:**


**Achleitner, Paul M.**
Das Bankgeheimnis in Österreich, Deutschland und der Schweiz. Österreichisches Forschungsinstitut für Sparkassenwesen, Heft 3, Sparkassenverlag, Wien 1981
(zitiert als: Achleitner, Das Bankgeheimnis)

**Bank-Enzyklopädie**
Bankrecht, Band 1, Betriebswirtschaftlicher Verlag Gabler, Wiesbaden 1975
(zitiert als: Bank-Enzyklopädie/Bearbeiter, Bankrecht)

**Baumbach, Adolf / Lauterbach, Wolfgang / Albers, Jan / Hartmann, Peter**
Zivilprozessordnung, 60. Auflage, Verlag C.H.Beck, München 2002
(zitiert als: Baumbach/Lauterbach/Albers/Hartmann, ZPO)

**Bilsdorfer, Peter**
Die Informationsquellen und –wege der Finanzverwaltung, 4. Auflage, Erich Schmidt Verlag, Bielefeld 2002
(zitiert als: Bilsdorfer, Die Informationsquellen und –wege der Finanzverwaltung)

**Boos, Karl-Heinz / Fischer, Reinfried / Schulte-Mattler, Hermann**
Kreditwesengesetz, Verlag C.H.Beck, München 2000
(zitiert als: Boos/Fischer/Schulte-Mattler/Bearbeiter, KWG)

**Brender, Markus**
Straffrei nach Steuerflucht, Schulz-Verlag, Starnberg 1997
(zitiert als: Brender, Straffrei nach Steuerflucht)

**Bruchner, Helmut / Stützle, Rudolf**
Leitfaden zu Bankgeheimnis und Bankauskunft, Verlag Wertpapier-Mitteilungen, 1986
(zitiert als: Bruchner/Stützle, Leitfaden zu Bankgeheimnis und Bankauskunft)

**Bürger, Peter**
Rechtsfragen zur Bankauskunft, Studienverlag Brockmeyer, Bochum 1998
(zitiert als: Bürger, Rechtsfragen zur Bankauskunft)

**Canaris, Claus-Wilhelm**
Bankvertragsrecht, In: Staub, Hermann, Großkommentar zum Handelsgesetzbuch, III. Band, 1. Halbband, 2. Auflage, Verlag de Gruyter, Berlin, New York, 1981
(zitiert als: Canaris, Bankvertragsrecht)

**Carl, Dieter / Klos, Joachim**
Bankgeheimnis und Quellensteuer im Vergleich internationaler Finanzmärkte, Verlag Neue Wirtschafts-Briefe, Herne, Berlin 1993
(zitiert als: Carl/Klos, Bankgeheimnis und Quellensteuer im Vergleich internationaler Finanzmärkte)

**Christopoulou, Christina**
Das Bankgeheimnis im Wirtschaftsverkehr, Verlag Waxmann, Münster, New York 1995
(zitiert als: Christopoulou, Das Bankgeheimnis im Wirtschaftsverkehr)

**Claussen, Carsten Peter**
Bank- und Börsenrecht, 2. Auflage, Verlag C.H.Beck, München 2000
(zitiert als: Claussen, Bank- und Börsenrecht)

**Dahm, Joachim / Hamacher, Rolfjosef**
Auskunftsbegehren der Finanzbehörden, Bank-Verlag, Köln 2001
(zitiert als: Dahm/Hamacher, Auskunftsbegehren der Finanzbehörden)

**Denkert, Manfred**
Zinsen und Steuern, Verlag Kommunikationsforum Recht, Wirtschaft, Steuern, Köln 1997
(zitiert als: Denkert, Zinsen und Steuern)

**Denkert, Manfred / Nickel, Hans / Ruesch, Arno**
Kapitalerträge – was tun?, 2. Auflage, Haufe Verlag, Freiburg im Breisgau 1995
(zitiert als: Denkert/Nickel/Ruesch, Kapitalerträge – was tun?)

**Donges, Jürgen B.**
Abgeltungssteuer bei Kapitaleinkommen, Frankfurter Institut – Stiftung Marktwirtschaft und Politik, Bad Homburg 2000
(zitiert als: Donges, Abgeltungssteuer bei Kapitaleinkommen)

**Düll, Sebastian**
Verfassungsrechtliche Voraussetzungen einer Steueramnestie im Rahmen der Neuordnung der Zinsbesteuerung, IFSt-Schrift 410, Institut „Finanzen und Steuern", Bonn 2003
(zitiert als: Düll, Verfassungsrechtliche Voraussetzungen einer Steueramnestie)

**Eckhoff, Rolf**
Rechtsanwendungsgleichheit im Steuerrecht, Verlag Otto Schmidt, Köln 1999
(zitiert als: Eckhoff, Rechtsanwendungsgleichheit im Steuerrecht)

**Eilers, Stephan**
Das Steuergeheimnis als Grenze des internationalen Auskunftsverkehrs, Verlag Otto Schmidt, Köln 1987
(zitiert als: Eilers, Das Steuergeheimnis als Grenze des internationalen Auskunftsverkehrs)

**Fabel, Thomas**
Geldwäsche und tätige Reue, Elwert Verlag, Marburg 1997
(zitiert als: Fabel, Geldwäsche und tätige Reue)

**Fischer, Reinfried / Klanten, Thomas**
Bankrecht – Grundlagen der Rechtspraxis, 3. Auflage, RWS-Verlag Kommunikationsforum, Köln 2000
(zitiert als: Fischer/Klanten, Bankrecht – Grundfragen der Rechtspraxis)

**Flore, Ingo / Dörn, Harald / Gillmeister, Ferdinand**
Steuerfahndung und Steuerstrafverfahren
2. Auflage, Luchterhand Verlag, Neuwied, Kriftel 1999
(zitiert als: Flore/Dörn/Gillmeister, Steuerfahndung und Steuerstrafverfahren)

**Friemel, Rainer / Schiml, Kurt**
Lehrbuch der Abgabenordnung, 14. Auflage, Verlag Neue Wirtschafts-Briefe, Herne, Berlin 2001
(zitiert als: Friemel/Schiml, Lehrbuch der Abgabenordnung)

**Fuchs, Hans-Ulrich**
Zur Lehre vom allgemeinen Bankvertrag, Lang Verlag, Frankfurt am Main, Bern 1982
(zitiert als: Fuchs, Zur Lehre vom allgemeinen Bankvertrag)

**Fülbier, Andreas / Aepfelbach, Rolf R.**
Geldwäschegesetz, 4. Auflage, RWS-Verlag Kommunikationsforum, Köln 1999
(zitiert als: Fülbier/Aepfelbach, GwG)

**Geurts, Matthias / Koch, Christian / Schebesta, Michael / Weber, Ahrend**
Bankgeheimnis und Bankauskunft in der Praxis, 6. Auflage, Bank-Verlag, Köln 2000
(zitiert als: Geurts/Koch/Schebesta/Weber, Bankgeheimnis und Bankauskunft in der Praxis)

**Giovannopoulos, Rigas**
Die Harmonisierung des privatrechtlichen Bankgeheimnisses im europäischen Wirtschaftsverkehr, 1. Auflage, Nomos-Verlagsgesellschaft, Baden-Baden 2001
(zitiert als: Giovannopoulos, Die Harmonisierung des privatrechtlichen Bankgeheimnisses im europäischen Wirtschaftsverkehr)

**Gößmann, Wolfgang / Wagner-Wieduwilt, Klaus / Weber, Ahrend**
Allgemeine Geschäftsbedingungen der Banken, Bank-Verlag, Köln 1993
(zitiert als: Gößmann/Wagner-Wieduwilt/Weber, AGB der Banken)

**Hadding, Walther**
Bankgeheimnis und Bankauskunft in der Bundesrepublik Deutschland und in ausländischen Rechtsordnungen, Verlag Dunker & Humblot, Berlin [West] 1986
(zitiert als: Hadding/Bearbeiter, Bankgeheimnis und Bankauskunft in der Bundesrepublik Deutschland)

**Hahn, Hartmut**
Zur Rückwirkung im Steuerrecht, IFSt-Schrift 269, Institut „Finanzen und Steuern", Bonn 1987
(zitiert als: Hahn, Zur Rückwirkung)

**Harenberg, Friedrich E. / Irmer, Gisbert**
Die Besteuerung privater Kapitaleinkünfte, 3. Auflage, Verlag Neue Wirtschafts-Briefe, Herne 2003
(zitiert als: Harenberg/Irmer, Die Besteuerung privater Kapitaleinkünfte)

**Heidrich, Jörn**
Verbraucherschutz in der Kreditwirtschaft, Lang Verlag, Frankfurt am Main, Berlin, Bern, Bruxelles, New York, Oxford, Wien 2000
(zitiert als: Heidrich, Verbraucherschutz in der Kreditwirtschaft)

**Herrler, Hans**
Betriebliche Steuern, Schäffer-Poeschel Verlag, Stuttgart 2000
(zitiert als: Herrler, Betriebliche Steuern)

**Hübschmann, Walter / Hepp, Ernst / Spitaler, Arnim**
Kommentar zur Abgabenordnung und Finanzgerichtsordnung, 7. Auflage, Verlag Otto Schmidt, Köln
(zitiert als: Hübschmann/Hepp/Spitaler/Bearbeiter, § 30 a AO)

**Hoffmann, Thomas**
Rechtliche Schranken interner Informationsflüsse in Kreditinstituten, Nomos-Verlagsgesellschaft, Baden-Baden 1998
(zitiert als: Hoffmann, Rechtliche Schranken interner Informationsflüsse in Kreditinstituten)

**Hoppe, Peter**
Das Erhebungsdefizit im Bereich der Besteuerung von Zinseinkünften, Lit Verlag, Münster 1998
(zitiert als: Hoppe, Das Erhebungsdefizit)

**Huhmann, Marcus**
Die verfassungsrechtliche Dimension des Bankgeheimnisses, Lang Verlag, Frankfurt am Main, Berlin, Bern, Bruxelles, New York, Oxford, Wien 2002
(zitiert als: Huhmann, Die verfassungsrechtliche Dimension des Bankgeheimnisses)

**Klein, Franz**
Abgabenordnung, 8. Auflage, Verlag C.H.Beck, München 2003
(zitiert als: Klein/Bearbeiter, AO)

**Kohls, Rainer M.**
Bankrecht, 2. Auflage, Verlag C.H.Beck, München 1997
(zitiert als: Kohls, Bankrecht)

**Kümpel, Siegfried**
Bank- und Kapitalmarktrecht, 2. Auflage, Verlag Otto Schmidt, Köln 2000
(zitiert als: Kümpel, Bank- und Kapitalmarktrecht)

**Lang, Volker / Schwarz, Anne / Kipp, Rudolf**
Regelungen zur Bekämpfung der Geldwäsche, 3. Auflage, Deutscher Sparkassenverlag, Stuttgart 1999
(zitiert als: Lang/Schwarz/Kipp, Regelungen zur Bekämpfung der Geldwäsche)

**Leip, Carsten**
Der Straftatbestand der Geldwäsche, 2. Auflage, Nomos-Verlagsgesellschaft, Baden-Baden 1999
(zitiert als: Leip, Der Straftatbestand der Geldwäsche)

**Lorscheider, Steffen**
Die Ermittlungsbefugnisse der Finanzbehörden im Kapitalertragssteuerverfahren des Bankkunden, Lit Verlag, Münster, Hamburg, London 2001
(zitiert als: Lorscheider, Die Ermittlungsbefugnisse der Finanzbehörden im Kapitalertragssteuerverfahren des Bankkunden)

**Maunz, Theodor / Dürig, Günter**
Grundgesetz, 35. Auflage, Verlag C.H.Beck, München 1998
(zitiert als: Maunz-Dürig/Bearbeiter, GG)

**Miebach, Ralf**
Das Bankgeheimnis – Verfassungsrecht und § 30a AO, Carl Heymanns Verlag, Köln, Berlin, Bonn, München 1999
(zitiert als: Miebach, Das Bankgeheimnis – Verfassungsrecht und § 30a AO)

**Neuwald, Philipp**
Das steuerliche Bankgeheimnis, Augsburg, München 1999
(zitiert als: Neuwald, Das steuerliche Bankgeheimnis)

**Nöhrbaß, Karl-Heinz / Raab, Martin**
Die Wirkung der Einführung und Abschaffung der Quellensteuer auf dem Kapitalmarkt Institut für Volkswirtschaftslehre und Statistik, Mannheim 1989
(zitiert als: Nöhrbaß/Raab, Einführung und Abschaffung der Quellensteuer)

**Nuissl, Dagmar**
Bankgeschäftsrecht, Luchterhand-Verlag, Neuwied, Berlin 1997
(zitiert als: Nuissl, Bankgeschäftsrecht)

**Palandt, Otto**
Bürgerliches Gesetzbuch, 62. Auflage, Verlag C.H.Beck, München, 2003
(zitiert als: Palandt/Bearbeiter, BGB)

**Rosen, Rüdiger von**
Aktien – Altersvorsorge – Riester-Rente, Deutscher Wirtschaftsdienst, Köln 2002
(zitiert als: v. Rosen, Aktien – Altersvorsorge)

**Ruegenberg, Guido**
Das nationale und internationale Steuergeheimnis im Schnittpunkt von Besteuerungs- und Strafverfahren, Verlag Otto Schmidt, Köln 2001

(zitiert als: Ruegenberg, Das nationale und internationale Steuergeheimnis im Schnittpunkt von Besteuerungs- und Strafverfahren)

**Schimansky, Herbert / Bunte, Hermann-Josef / Lwowski, Hans-Jürgen**
Bankrechtshandbuch, 2. Auflage, Verlag C.H.Beck, München 2001
(zitiert als: Schimansky/Bunte/Lwowski/Bearbeiter, Bankrechtshandbuch)

**Schneider, Dieter**
Grundzüge der Unternehmensbesteuerung, 6. Auflage, Gabler Verlag, Wiesbaden 1994
(zitiert als: Schneider, Grundzüge der Unternehmensbesteuerung)

**Schult, Eberhard**
Betriebswirtschaftliche Steuerlehre, 4. Auflage, Verlag Oldenbourg, München, Wien 2002
(zitiert als: Schult, Betriebswirtschaftliche Steuerlehre)

**Schwintowski, Hans-Peter / Schäfer, Frank A.**
Bankrecht, Carl Heymanns Verlag, Köln, Berlin, Bonn, München 1997
(zitiert als: Schwintowski/Schäfer, Bankrecht)

**Sichtermann, Siegfried**
Bankgeheimnis und Bankauskunft, 2. Auflage, F. Knapp-Verlag, Frankfurt 1966
(zitiert als: Sichtermann, Bankgeheimnis und Bankauskunft)

**Sichtermann, Siegfried / Feuerborn, Sabine**
Das Bankgeheimnis, 6. Auflage, Deutscher Sparkassenverlag, Stuttgart 1986
(zitiert als: Sichtermann/Feuerborn, Das Bankgeheimnis)

**Sichtermann, Siegfried / Feuerborn, Sabine / Kirchherr, R. / Terdenge, R.**
Bankgeheimnis und Bankauskunft in der Bundesrepublik Deutschland sowie in wichtigen ausländischen Staaten, 3. Auflage, F. Knapp-Verlag, Frankfurt am Main 1984
(zitiert als: Sichtermann/Feuerborn/Kirchherr, Bankgeheimnis und Bankauskunft)

**Sikorski, Ralf / Wüstenhöfer, Ulrich**
Abgabenordnung, 5. Auflage, Verlag C.H.Beck, München 1999
(zitiert als: Sikorski/Wüstenhöfer, AO)

**Simitis, Spiros**
Bundesdatenschutzgesetz, 8. Auflage, Nomos-Verlagsgesellschaft, Baden-Baden 2001
(zitiert als: Simitis, BDSG)

**Szagunn, Volkhard / Haug, Ulrich / Ergenzinger, Wilhelm**
Kreditwesengesetz, 6. Auflage, Kohlhammer-Verlag, Stuttgart, Berlin, Köln 1997
(zitiert als: Szagunn/Haug/Ergenzinger, KWG)

**Thomsen, Birger**
Das Amnestiegesetz aus steuerstrafrechtlicher Sicht, Shaker-Verlag, Aachen 1995
(zitiert als: Thomsen, Das Amnestiegesetz aus steuerstrafrechtlicher Sicht)

**Tipke, Klaus / Lang, Joachim**
Steuerrecht, 17. Auflage, Verlag Otto Schmidt, Köln 2002
(zitiert als: Tipke/Lang, Steuerrecht)

**Wahl, Detlef**
Handbuch der privaten Kapitalanlage, Neue Wirtschafts-Briefe, Herne, Berlin 2001
(zitiert als: Wahl, Handbuch der privaten Kapitalanlage)

**Wellisch, Dietmar**
Finanzwissenschaft III – Staatsverschuldung, Verlag Vahlen, München 1999
(zitiert als: Wellisch, Finanzwissenschaft III – Staatsverschuldung)

**Weyand, Raimund**
Was weiß das Finanzamt vom Steuerzahler, 8. Auflage, WRS-Verlag, Freiburg 2000
(zitiert als: Weyand, Was weiß das Finanzamt vom Steuerzahler)

**Zinskommission**
Bericht der Zinskommission, Aktuelle Beiträge zur Wirtschafts- und Finanzpolitik, Nr. 42/1991, hrsg.vom Presse und Informationsamt der Bundesregierung
(zitiert als: Zinskommission Bericht)

**Zeitschriften:**

**App, Michael**
Wie das Finanzamt zu seinen Informationen kommt, BuW 2003, S. 232 ff.
(zitiert als: App, BuW 2003)

**BFH**
Anfangsverdacht einer Steuerstraftat, wistra 2002, S. 27 ff.
(zitiert als: BFH, Anfangsverdacht, wistra 2002)

**BFH**
Kontrollmitteilungen bei Bankenprüfung, wistra 2002, S. 71 ff.
(zitiert als: BFH, Kontrollmitteilungen, wistra 2002)

**BFH**
Sammelauskunftsersuchen an Kreditinstitute, wistra 2002, S. 308 ff.
(zitiert als: BFH, Sammelauskunftsersuchen, wistra 2002)

**BGH**
Beihilfe zur Steuerhinterziehung durch Kapitaltransfer ins Ausland, RIW 2001, S. 136 ff.
(zitiert als: BGH, RIW 2001)

**Bilsdorfer, Peter**
Das Bankgeheimnis, DStR 1984, S. 498 ff.
(zitiert als: Bilsdorfer, DStR 1984)

**Bilsdorfer, Peter**
Ermittlungsrecht und Ermittlungspflicht im finanzgerichtlichen Verfahren, DStZ 1989, S. 287
(zitiert als: Bilsdorfer, DStZ 1989)

**Bub, Wolf-Rüdiger**
Kundenschädigende Äußerungen in Fernseh-Interview – Kirch/Deutsche Bank AG und Breuer, NJW 2003, S. 1046 ff.
(zitiert als: Bub, NJW 2003)

**BVerfG**
Anfangsverdacht der Steuerhinterziehung, wistra 2002, S. 298 ff.
(zitiert als: BVerfG, wistra 2002)

**Carl, Dieter / Klos, Joachim**
Geldwäschegesetz und Datenweitergabe zu Besteuerungszwecken, DStZ 1994, S. 68 ff.
(zitiert als: Carl/Klos, DStZ 1994)

**Carl, Dieter / Klos, Joachim**
Tafelgeschäfte – steuerlich unzulässige „Geldwäsche" der Kreditinstitute?, DStZ 1991, S. 24
(zitiert als: Carl/Klos, DStZ 1991)

**Dahm, Joachim**
Banken im Spannungsfeld zwischen Staat und Kunden, WM 1996, S. 1285 ff.
(zitiert als: Dahm, WM 1996)

**Däke, Karl Heinz**
Kapitalerträge – Kontrollmitteilungen an den Fiskus?, Die Bank 2000, S. 7.
(zitiert als: Däke, Die Bank 2000)

**Döring, Ulrich**
Zinsverschiebungen – Eine deutsche Quellensteuer auf Zinseinkünfte im internationalen Kontext, ZfbF 1991, S. 1087 ff.
(zitiert als: Döring, ZfbF 1991)

**Felix, Günther**
Bankgeheimnis und § 30 a AO, BB 1988, S. 2012 ff.
(zitiert als: Felix, BB 1988)

**FG Münster**
Zulässigkeit eines Sammel-Auskunftsersuchens, wistra 2000, S. 196 ff.
(zitiert als: FG Münster, wistra 2002)

**FG Schleswig-Holstein**
Verwertung rechtswidrig erlangter Daten, wistra 2001, S. 190 ff.
(zitiert als: FG Schleswig-Holstein, wistra 2001)

**Frees, Christian-Peter**
Folgerungen aus dem Zinsbesteuerungsurteil des Bundesverfassungsgerichts
wistra 1992, S. 14 ff.
(zitiert als: Frees, wistra 1992)

**Fülbier, Andreas**
Geldwäscherei: Bankangestellte im Dienst der Ermittlungsbehörden, WM 1990, S. 2025 ff.
(zitiert als: Fülbier, WM 1990)

**Gallwas, Hans-Ullrich**
Der allgemeine Konflikt zwischen dem Recht auf informationelle Selbstbestimmung und der Informationsfreiheit, NJW 1992, S. 2785 ff.
(zitiert als: Gallwass, NJW 1992)

**Habetha, Joachim W.**
Verwaltungsrechtliche Rasterfahndung mit strafrechtlichen Konsequenzen
WM 1996, S. 2133 ff.
(zitiert als: Habetha, WM 1996)

**Hamacher, Rolfjosef**
Gibt es doch ein steuerliches Bankgeheimnis?, WM 1997, S. 2149 ff.
(zitiert als: Hamacher, WM 1997)

**Hamacher, Rolfjosef**
Kontrollmitteilungen bei Banken und funktionaler Kontenbegriff des § 154 AO
DB 1999, S. 1824 ff.
(zitiert als: Hamacher, DB 1999)

**Hamacher, Rolfjosef**
Kontrollmitteilungen bei Betriebsprüfungen in Banken, DB 1996, S.2460 f.
(zitiert als: Hamacher, DB 1996)

**Hamacher, Rolfjosef**
Schutz des Bankkunden – Rechtfertigung des § 30 a AO, StVj 1992, S. 110 ff.
(zitiert als: Hamacher, StVj 1992)

**Harriehausen, Christiane**
Kapital und Intelligenz zieht es in die Schweiz, FAZ vom 20.12.2002, S. 49
(zitiert als: Harriehausen, FAZ vom 20.12.2002)

**Herzog, Felix / Christmann, Rainer M.**
Geldwäsche und „Bekämpfungsgesetzgebung", WM 2003, S. 6 ff.
(zitiert als: Herzog/Christmann, WM 2003)

**Hippel, von Eike**
Besteuerung von Zinseinkünften: Verfassungswidriges Verhalten des Gesetzgebers?
BB 1990, S. 1951 ff.
(zitiert als: v. Hippel, BB 1990)

**Jakob, Wolfgang**
Gedanken zur Verfassungsmäßigkeit der neuen Zinsbesteuerung, DStR 1992, S. 893 ff.
(zitiert als: Jakob, DStR 1992)

**-jja-**
Steueramnestie darf nicht zu Leichtsinn verführen, FAZ vom 29.10.2003, S. 25
(zitiert als: -jja-, FAZ vom 29.10.2003)

**Joecks, Wolfgang**
Steueramnestie: Verfassungsrechtlich zulässig, aber korrekturbedürftig, DStR 2003, S. 1417 ff.
(zitiert als: Joecks, DStR 2003)

**Jungmichel, Tim**
Basel II und die möglichen Folgen, WM 2003, S. 1201 ff.
(zitiert als: Jungmichel, WM 2003)

**Junker, Carolin**
aktuelle Rechtsfragen zum Bankgeheimnis und zur Bankauskunft, DStR 1996, S. 224 ff.
(zitiert als: Junker, DStR 1996)

**Kamlah, Wulf**
Das SCHUFA-Verfahren und seine datenschutzrechtliche Zulässigkeit, MMR 1999, S. 395 ff.
(zitiert als: Kamlah, MMR 1999)

**Kien-Hümbert, Petra**
Die Auswertung der Kontrollmitteilungen im Erbfall, DStR 1987, S. 792 ff.
(zitiert als: Kien-Hümbert, DStR 1987)

**Kessler, Rainer E.**
Zum Nutzen von Steueramnestien, FR 9/1990, S. 273 ff.
(zitiert als: Kessler, FR 1990)

**Klos, Joachim**
Die Neuregelung der Legitimationsprüfungspflicht der Banken nach § 154 AO, StBp 1992, S. 54 ff.
(zitiert als: Klos, StBp 1992)

**Kottke, Klaus**
Kontrollmitteilungen, DB 1982, S. 2488 ff.
(zitiert als: Kottke, DB 1982)

**Lang, Volker**
Das Aus für die Lehre vom „allgemeinen Bankvertrag"?, BKR 2003, S. 227 ff.
(zitiert als: Lang, BKR 2003)

**Lange, Claudia / Höche, Thorsten**
Basel II: Was verbirgt sich dahinter für Kreditinstitute und ihre Kunden? Bankgeheimnis und Bekämpfung von Geldwäsche, WM 2003, S. 1645 ff.
(zitiert als: Lange/Höche, WM 2003)

**Lange, Claudia / Höche, Thorsten**
Bericht über den Bankrechtstag am 04.07.2003 in Düsseldorf, WM 2003, S. 1656 ff.
(zitiert als: Lange/Höche/Bearbeiter, WM 2003)

**Löwe-Krahl, Oliver**
Die Strafbarkeit von Bankangestellten wegen Geldwäsche nach § 261 StGB, wistra 1993, S. 123 ff.
(zitiert als: Löwe-Krahl, wistra 1993)

**Melchior, Jürgen**
Das Steuervergünstigungsabbaugesetz im Überblick, DStR 2003,S. 709 ff.
(zitiert als: Melchior, DStR 2003)

**Neckels, Peter**
Strafbefreiende Erklärung und Bankgeheimnis, DStZ 1989, S. 8 ff.
(zitiert als: Neckels, DStZ 1989)

**OFD Nürnberg**
Verwaltungsanweisungen – Ermittlungen bei Kreditinstituten, DStR 1990, S. 316 ff.
(zitiert als: OFD Nürnberg, DStR 1990)

**Ondracek, Dieter**
Kapitalerträge – Kontrollmitteilungen an den Fiskus?, Die Bank 2000, S. 7.
(zitiert als: Ondracek, Die Bank 2000)

**Randt, Karsten / Schauf, Jörg**
Der neue Gesetzentwurf zur Steueramnestie, DStR 2003, S. 1369 ff.
(zitiert als: Randt/Schauf, DStR 2003)

**Rehbein, Dieter**
Rechtsfragen zum Bankgeheimnis, ZHR 149 (1985), S. 139 ff.
(zitiert als: Rehbein, ZHR 1985)

**Roth, Markus**
Der allgemeine Bankvertrag, WM 2003, S. 480 ff.
(zitiert als: Roth, WM 2003)

**Scheurle, Florian**
Vom Zinsabschlag zur Abgeltungssteuer – Aspekte eines Systemwechsels, DB 1995 S. 543 ff.
(zitiert als: Scheurle, DB 1995)

**Schraepler, Hans-Joachim**
Kreditauskunft – Einschränkung des Bankgeheimnisses, NJW 1972, S. 1826 ff.
(zitiert als: Schraepler, NJW 1972)

**Simitis, Spiros**
Datenschutz – Rückschritt oder Neubeginn?, NJW 1998, S. 2473 ff.
(zitiert als: Simitis, NJW 1998)

**Söhn, Hartmut**
Der neue Bankenerlaß, NJW 1980, S. 1430 ff.
(zitiert als: Söhn, NJW 1980)

**Steindorff, Ernst**
Zivilrechtliche Grundfragen von Bankgeheimnis, Bankauskunft und Persönlichkeitsschutz ZHR 149 (1985), S. 151 ff.
(zitiert als: Steindorff, ZHR 1985)

**Streck, Michael**
Die Banken und Sparkassen in der Spannung zwischen Kundenberatung und Steuerfahndung WM 1999, S. 719 ff.
(zitiert als: Streck, WM 1999)

**Streck, Michael / Peschges, Sandra**
Die Fertigung von Kontrollmitteilungen bei Außenprüfungen in Banken , DStR 1997, S. 1991 ff.
(zitiert als: Streck/Peschges, DStR 1997)

**Vogt, Martin / Kramer, Andreas**
Steuerliche Ermittlungsbefugnisse bei Kreditinstituten, WM 1997, S. 2156 ff.
(zitiert als: Vogt/Kramer, WM 1997)

**Vortmann, Jürgen**
Informationspflichten der Banken im Steuerfahndungsverfahren, WM 1996, S. 1166 ff.
(zitiert als: Vortmann, WM 1996)

**Wenger, Ekkehard**
Das Quellensteuerexperiment von 1987, ZBB 1990, S. 177 ff.
(zitiert als: Wenger, ZBB 1990)

**Wolff, Jürgen**
Die Geheimhaltungspflicht der Banken, DB 1968, S. 695 ff.
(zitiert als: Wolff, DB 1968)

**Schriften ohne Verfasser:**

Abgeltungssteuer auf Zinsen kommt 2005, FAZ vom 05.06.2003, S. 13

BMF vom 23.03.1993, BStBl. I 1993, S. 330 ff.

BMF vom 31.08.1979, BStBl. I 1979, S. 590 ff.

BMF-Pressemitteilung 68/92 vom 07.07.1992

BT-Drucksache 12/2704

BT-Drucksache 15/119 Öffentliche Anhörung – Wortprotokoll

BT-Drucksache 15/481, Bericht des Finanzausschusses

BT-Drucksache 15/485, Entschließungsantrag

Clement beerdigt Kontrollmitteilungen, FAZ vom 08.03.2003, S. 11

Die „Abgeltungsteuer" für Sparer bringt keine neue Abgabe, FAZ vom 18.12.2002, S. 21

DStZ B 1949, S. 242 ff. „Bankenerlass" vom 02.08.1949

Keine Kapitalflucht bei höheren Zinsen, FAZ vom 07.05.1992, S. 18

Richtlinie 91/308/EWG des Rates vom 10.06.1991 zur Verhinderung der Nutzung des Finanzsystems zum Zwecke der Geldwäsche (Geldwäscherichtlinie), Nr. L 166/77 Füllbier/Aepfelbach, GwG, Anh. II.1 S. 471

Schweizer Banken geben sich gelassen, FAZ vom 18.12.2002, S. 23

Zinsabgeltungssteuer verschoben, FAZ vom 03.06.2003, S. 11

**<u>Internetquellen:</u>**

http://bffweb1.bff-online.de/cgi-bin/fadat.xls, Stand: 10.10.2003

http://www.bstbk.de, Stand: 10.08.2003

http://www.bundesfinanzministerium.de/Aktuelles/Pressemitteilung en-.395.16517/Einigung-ueber-EU-Zinsrichtlinie.htm, Stand: 05.08.2003

http://www.bundesfinanzministerium.de/Anlage16529/Zusammenfa ssung-des-ECOFIN-Rates-vom-21.01.2003.pdf, Stand: 05.08.2003

http://www.bundesfinanzministerium.de/Anlage18512/Quoten-als-wichtige-gesamtwirtschaftliche-Groessen.pdf, Stand: 10.06.2003

http://www.bundesfinanzministerium.de/Anlage18553/Monatsber icht_BMF_0503_gesamt.pdf, Stand: 10.06.2003

http://www.bundesfinanzministerium.de/Anlage18937/Entwurf-eines-Gesetzes-zur Foerde-rung-der-Steuerehrlichkeit-Version-fuer-Acrobat-Reader-5.0.pdf ,Stand: 10.11.2003

http://www.bundestag.de/aktuell/hib/2002_259/03.html, Stand: 08.05.2003

http://www.bundestag.de/aktuell/hib/2003_007/01.html, Stand: 08.05.2003

http://www.bundestag.de/aktuell/hib/2003_032/02.html, Stand: 08.05.2003

http://www.bundestag.de/aktuell/hib/2003032/02.html, Stand: 08.10.2003

http://www.datenschutzzentrum.de/faq/schufa.htm#1, Stand: 14.04.2003

http://www.datenschutzzentrum.de/material/tb/tb15/kap2.htm #Tz2.2, Stand: 14. 4.2003 http://www.datenschutzzentrum.de/material/tb/tb24/ kap410.htm#Tz4.10.2,Stand: 14.04.2003

http://www.datenschutzzentrum.de/material/tb/tb25/ kap410.htm#Tz4.10.5, Stand:14.04.2003

http://www.datenschutzzentrum.de/somak/somak96/sa96rede.htm, Stand: 14.04.2003

http://www.dresdner-bank.de/magazin/xjg2003/aus03/rub20 leseproben/
lprub45_steuernx/pdf_steuern.pdf, Stand: 06.08.2003

http://www.dsgv.de/, Stand: 17.04.2003

http://www.dws-institut.de, Stand 28.10.2003

http://www.faz.net/s/Rub3B5979848A5C48F18F2FF729A7211ACE
/Doc~E3EA45FFB16FA4AA69F3DA55C0DCC47C8~ATpl~Ecommon~Scontent.html
Stand: 09.11.2003

http://www.faz.net/s/Rub3C0B5C86BD3E4C2F8DE593FFA3707E
EE/Doc~E076055B4FC4E1FBF81C87F1F91CA5F~ATp1~Ecommon~Scontent.html
Stand: 07.03.2003

http://www.faz.net/s/Rub3C0B5C86BD3E4C2F8DE593FFA3707EE
E/Doc~E8112BE6A7DA84C2EBA09177D79D7978C~ATpl~Ecommon~Scontent.html
Stand: 08.07.2003

http://www.friedrich-merz.de, Stand: 29.11.03

http://www.gallileus.info/gallileus/disciplines/RechtsWi/OeffentlichesRe/toptopics/Steueramn
estie/, Stand: 17.10.2003

http://www.heute.t-online.de/ZDFheute/artikel/14/0.1367.HOME-0-2031438.00.html
Stand: 07.04.2003

http://www.impulse.de/the/ste/182962.html, Stand: 07.04.2003

http://www.impulse.de/the/ste/187910.html, Stand: 07.04.2003

http://www.parlamentsspiegel.de, Stand: 07.09.2003

http://www.roelfspartner.de/de/wp/informationspool/ud/files/steuer amnestie08-07-
03.pdf?Gesetzesentwurf%20Steueramnestie, Stand: 05.11.2003

http://www.roelfspartner.de/de/wp/informationspool/ud/steueramne stie.htm
Stand:05.11.2003

http://www.staatsverschuldung.de, Stand 05.10.2003

http://www.steuernetz.de/lexikon/a7.html, Stand 09.11.2003

http://www.zentraler-kreditausschuss.de/upload/1039101422.16-IV-Anl1.pdf
Stand: 10.08.2003

## Abkürzungsverzeichnis

Abs. .............. Absatz
AG ................ Aktiengesellschaft
AGB ............. Allgemeine Geschäftsbedingungen
AmCham ..... American Chamber of Commerce
Anh. ............. Anhang
Anm. ............ Anmerkung
AO ................ Abgabenordnung
ArbGG ......... Arbeitsgerichtsgesetz
Art. ............... Artikel
ASU ............. Arbeitsgemeinschaft Selbständiger Unternehmer
Bay VBl. ....... Bayrische Verwaltungsblätter (Zeitschrift)
BB ................ Betriebs-Berater (Zeitschrift)
BDA ............. Bundesverband der deutschen Arbeitgeberverbände
BdB .............. Bundesverband deutscher Banken
BDI .............. Bundesverband der deutschen Industrie
BDSG .......... Bundesdatenschutzgesetz
BFH ............. Bundesfinanzhof
BGA ............. Bundesverband des deutschen Gross- und Aussenhandels
BGB ............. Bürgerliches Gesetzbuch
BGBl. ........... Bundesgesetzblatt
BGH ............. Bundesgerichtshof
BGHZ .......... Entscheidungen des Bundesgerichtshofs in Zivilsachen
BKR ............. Bank- und Kapitalmarktrecht (Zeitschrift)
BMF ............. Bundesministerium der Finanzen
bspw. ............ beispielsweise
BStBl. .......... Bundessteuerblatt
BT ................ Bundestag
Buchst. ......... Buchstabe
BuW ............. Betrieb und Wirtschaft (Zeitschrift)
BVerfG ........ Bundesverfassungsgericht
BVerwG ....... Bundesverwaltungsgericht
BVerwGE .... Sammlung der Entscheidungen des Bundesverwaltungsgerichts
bzw. .............. beziehungsweise
ca. ................. circa
CDU ............. Christlich Demokratische Union

CpD .............Conto pro Diverse
CSU .............Christlich Soziale Union
d. ..................der, die, das, des
d.h. ...............das heißt
DAI ..............Deutsches Aktieninstitut
DB ................Der Betrieb (Zeitschrift)
DepotG ........Depotgesetz
ders. ..............derselbe
DIHK ...........Deutscher Industrie- und Handelskammertag
DIW .............Deutsches Institut für Wirtschaftsforschung
DM ...............Deutsche Mark
DSGV ..........Deutscher Sparkassen- und Giroverband
DStR ............Deutsches Steuerrecht
DStZ .............Deutsche Steuerzeitung
DZZ .............Datenschutzzentrum
e.V. ...............eingetragener Verein
ECOFIN .......Rat der EU-Finanzminister
EDV .............Elektronische Datenverarbeitung
email ............elektronische Post
ErbStG .........Erbschaft- und Schenkungssteuergesetz
EStG .............Einkommensteuergesetz
etc. ................et cetera
€ ..................Euro
EU ................Europäische Union
EWG ............Europäische Wirtschaftsgemeinschaft
f. ..................folgende
FAZ...............Frankfurter Allgemeine Zeitung
FDP ..............Freiheitlich Demokratische Partei
ff. ..................fortfolgende
FG ................Finanzgericht
FGG .............Gesetz über die Angelegenheiten der Freiwilligen Gerichtsbarkeit
FR ................Finanz-Rundschau für Einkommenssteuer (Zeitschrift)
G 10 .............Group of Ten, "Zehnergruppe", „The Paris Club"
GDV .............Gesamtverband der deutschen Versicherungswirtschaft
gem. .............gemäß
GG ................Grundgesetz
GmbH ..........Gesellschaft mit beschränkter Haftung
GwG .............Geldwäschegesetz

HDE ............. Hauptverband des Deutschen Einzelhandels
HGB ............. Handelsgesetzbuch
hrsg. ............. herausgegeben
html .............. HyperText Markup Language
http ............... HyperText Transfer Protokoll
i.d.R. ............ in der Regel
i.H.v. ............ in Höhe von
i.S. ................ im Sinne
i.S.d. ............. im Sinne des
i.S.v. ............. im Sinne von
i.V.m. ........... in Verbindung mit
ifo ................. Institut für Wirtschaftsforschung
IFSt .............. Institut „Finanzen und Steuern“
IFW ............... Institut für Weltwirtschaft
insb. .............. insbesondere
InsO ............. Insolvenzordnung
KG ................ Kommanditgesellschaft
KGaA ........... Kommanditgesellschaft auf Aktien
Komm. ......... Kommentar
KWG ............ Kreditwesengesetz
LG ................ Landgericht
m.w.N. ......... mit weiteren Nachweisen
MEZ ............. Mitteleuropäische Zeit
Mio. .............. Million(en)
MMR ........... MultiMedia und Recht (Zeitschrift)
Mrd. ............. Milliarden
NJW .............. Neue Juristische Wochenschrift (Zeitschrift)
Nr. ................ Nummer
OFD ............. Oberfinanzdirektion
OHG ............. offene Handelsgesellschaft
§ .................. Paragraph
§§ ................. Paragraphen
PIN ............... Persönliche Identifikationsnummer
% .................. Prozent
RIW ............. Recht der internationalen Wirtschaft (Zeitschrift)
Rn ................. Randnummer
S. .................. Seite, Satz
Schufa .......... Schutzgemeinschaft für allgemeine Kreditsicherung

| | |
|---|---|
| SGB I | Sozialgesetzbuch – Allgemeiner Teil – (Erstes Buch) |
| SGB III | Sozialgesetzbuch – Arbeitsförderung – (Drittes Buch) |
| SGG | Sozialgerichtsgesetz |
| sog. | sogenannt |
| SPD | Sozialdemokratische Partei Deutschland |
| StBp. | Die steuerliche Betriebsprüfung (Zeitschrift) |
| stellv. | stellvertretend(er) |
| StGB | Strafgesetzbuch |
| StMBG | Mißbrauchsbekämpfungs- und Steuerbereinigungsgesetz |
| StPO | Strafprozeßordnung |
| StVj | Steuerliche Vierteljahresschrift (Zeitschrift) |
| TV | Television |
| & | und |
| USA | United States of America |
| v. | vom, von |
| Verf. | Verfasser(s) |
| vgl. | vergleiche |
| VwGO | Verwaltungsgerichtsordnung |
| wistra | Zeitschrift für Wirtschaft, Steuer, Strafrecht |
| WM | Wertpapier-Mitteilungen (Zeitschrift) |
| WP | Wertpapier |
| WRS | Wirtschaft, Recht, Steuern |
| www | world wide web |
| z. | zum |
| z. B. | zum Beispiel |
| ZBB | Zeitschrift für Bankrecht und Bankwirtschaft |
| ZDF | Zweites Deutsches Fernsehen |
| ZDH | Zentralverband des deutschen Handwerks |
| ZfbF | Zeitschrift für betriebswirtschaftliche Forschung |
| ZHR | Zeitschrift für das gesamte Handels- und Wirtschaftsrecht |
| Ziff. | Ziffer |
| ZIP | Zeitschrift für Wirtschaftsrecht |
| ZKA | Zentraler Kreditausschuss |
| ZPO | Zivilprozessordnung |

## A. Einleitung

„Das Bankgeheimnis soll aufgehoben werden!“ Diese Aussage konnte man seit November 2002 von allen Kreditinstituten, Bürgern und von vielen Finanzinteressierten vernehmen.
Ein Referentenentwurf des BMF sah im Rahmen des Steuervergünstigungsabbaugesetzes diese und weitere Maßnahmen vor, die zur Entlastung der Staatskassen führen sollten. Nachfolgend wurden dazu unterschiedliche und heftige Diskussionen geführt. Nur vereinzelt vernahm man Äußerungen über mögliche Auswirkungen, die eine Aufhebung des Bankgeheimnisses auslösen würden. Zusätzlich sollte zur Umsetzung dieses Vorhabens das Instrument des umfassenden Kontrollmitteilungsverfahren eingeführt werden. Die wachsende Angst des immer mehr überwachenden Staates könnte damit Realität werden. Dass mit diesen Maßnahmen eine Polarisierung der Bevölkerung erreicht werden würde, konnte unschwer angenommen werden.

Oder hätte es keine Auswirkungen in den verschiedensten rechtlichen und wirtschaftlichen Bereichen? Gibt es einen Zusammenhang zwischen der Aufhebung des Bankgeheimnisses und der gleichzeitigen Einführung eines Kontrollmitteilungsverfahrens? Besteht nicht die Möglichkeit weiterer Kapitalausweichreaktionen durch das Kontrollverfahren?

Einerseits sind die Finanzbehörden berechtigt und verpflichtet, die gesetzlich geschuldeten Steuern zu erheben. Insbesondere haben sie sicherzustellen, dass Steuern nicht verkürzt werden. Andererseits hat der Kunde eines Kreditinstitutes ein vertraglich abgesichertes Interesse daran, dass das Institut über seine Konten und sonstigen Angelegenheiten Stillschweigen bewahrt, möglichst auch gegenüber der öffentlichen Hand. Dieses Spannungsverhältnis zwischen der Allgemeinheit und dem Einzelnen wird nachstehend erörtert.
Die Aufhebung des Bankgeheimnisses und die daraus resultierenden rechtlichen und wirtschaftlichen Auswirkungen bei gleichzeitiger Einführung eines Kontrollmitteilungssystems stellen im Kern das Spannungsverhältnis dar.

Um eine genaue Abgrenzung zum Hauptaspekt der Arbeit herzustellen, welcher die möglichen Auswirkungen der Aufhebung des § 30 a AO beinhaltet, zu erreichen, erfolgt eine Einführung in das Gebiet sowohl des privatrechtlichen als auch des steuerlichen Bankgeheimnisses.

Daran anschließend erfolgt die Darstellung unterschiedlicher Personengruppen, die sich zum Thema geäußert haben. Nachfolgend werden die Aspekte der Stellungnahmen aufgegriffen, um die Auswirkungen, klassifiziert nach rechtlichen und wirtschaftlichen Aspekten, auszuwerten.

Der letzte Punkt soll der Darstellung möglicher Ansätze gewidmet werden, die einerseits die Situation verbessern könnten beziehungsweise andererseits gar einer Aufhebung des Bankgeheimnisses entgegenstehen.

## B. Hauptteil

### I. Das Bankgeheimnis – Begriff und Abgrenzung

#### 1. Begriffliche Bestimmung des Privatrechtlichen Bankgeheimnisses

Nach allgemeinem Sprachgebrauch ist all das Geheimnis, was unbekannt ist. Dies ist als Disposition über das eigene Wissen und die Intimität als das Nicht-Wissen des anderen zu verstehen.[1] Dieser weit gefasste Geheimnisbegriff liegt jedoch nicht im Sinne der Rechtsordnung, wenngleich der Ausdruck „Geheimnis" im Strafgesetzbuch[2] gebraucht wird. Dennoch hat es der Gesetzgeber vermieden, eine entsprechende Legaldefinition zu treffen.[3]

So genügt für den vorliegenden Zweck, unter Geheimnis[4] Tatsachen[5] zu verstehen, „die nur bestimmten Personen bekannt sind, und die anderen nicht bekannt werden sollen"[6]. Regelmäßig wird das Bankgeheimnis auch als das Berufsgeheimnis des Bankiers bezeichnet.[7] Dieses Berufsgeheimnis bleibt im engeren Sinne einem besonders qualifiziertem Personenkreis vorbehalten, da in Abgrenzung zum allgemeinen „Geschäfts- und Betriebsgeheimnis"[8], ein besonderes Maß an Vertrauen zwischen Berufsausübenden und Kunden besteht.

Der Ansicht folgend[9], dass ein Berufsgeheimnis nicht nur kraft Gesetz, sondern auch durch Brauch und Gewohnheit entstehen kann, ist das Bankgeheimnis zurecht den Berufsgeheimnissen zuzuordnen, obwohl der Bankangestellte im Strafgesetzbuch nicht im Kreis der zur Geheimhaltung verpflichteter Berufspersonen aufgeführt wird.[10]

---

[1] Lange/Höche/Kirchhof, WM 2003, S. 1656.
[2] §§ 201 ff. StGB.
[3] Achleitner, Das Bankgeheimnis, S. 11.
[4] Boos/Fischer/Schulte-Mattler/Fülbier, KWG, Rn 7.
[5] Boos/Fischer/Schulte-Mattler/Fülbier, KWG, Rn 5.
[6] Sichtermann, Bankgeheimnis und Bankauskunft, S. 26.
[7] Fuchs, Zur Lehre vom allgemeinen Bankvertrag, S. 32.
[8] Boos/Fischer/Schulte-Mattler/Fülbier, KWG, § 9 Rn 9.
[9] Sichtermann/Feuerborn/Kirchherr, Bankgeheimnis und Bankauskunft, S. 62 ff.
[10] Achleitner, Das Bankgeheimnis, S. 12.

Zur Vervollständigung sei hier auch das „Berufsgeheimnis der Beamten", das Amtsgeheimnis, erwähnt. Der Amtsträger[11] verwaltet nicht nur die „Geheimsphäre" des Staates, sondern nimmt kraft seines Amtes im großen Umfang auch Geheimnisse Privater wahr. Dabei unterliegt er der „Amtsverschwiegenheitspflicht"[12], deren Verletzung[13] sowohl verwaltungsinterne Disziplinarmaßnahmen[14] als auch strafrechtliche Konsequenzen[15] nach sich ziehen kann. Das Bankgeheimnis ist das Berufs- und Geschäftsgeheimnis im Kreditgewerbe und weist zwei Erscheinungsformen auf.[16] Zum einen ist es die Verpflichtung des Kreditinstitutes, Stillschweigen über die vermögensmäßigen und sonstigen Belange eines Kunden, gegebenenfalls auch eines Nicht-Kunden, zu wahren, von denen das Kreditinstitut im Rahmen oder bei Gelegenheit seiner geschäftlichen Tätigkeit Kenntnis erlangt hat. Zum anderen umfasst es das Recht, entsprechend dieser Geheimhaltungspflicht Auskünfte gegenüber jedermann zu verweigern.[17] Ausnahmen von diesem Auskunftsverweigerungsrecht können sich aus gesetzlichen Offenbarungpflichten ergeben oder aus dem Auftrag des Kunden, über ihn Auskunft zu geben.[18]

### a) Rechtsgrundlagen des Bankgeheimnisses

Das Bankgeheimnis wird erstmals in der Neufassung der AGB-Banken vom 01.01.1993 genannt (Nr. 2 Abs. 1 AGB-Banken). Trotzdem ist die Rechtslage des Bankgeheimnisses nicht gesetzlich verankert. Bislang orientieren sich die Kreditinstitute an der Pflege der von ihnen beobachteten Verschwiegenheitspflicht.[19]

---

[11] Friemel/Schiml, Lehrbuch der Abgabenordnung, Rn 33 ff.; Sikorski/Wüstenhöfer, Abgabenordnung, Rn 113 ff.
[12] vgl. dazu Gliederungspunkt B. I. 1. a) cc).
[13] Boos/Fischer/Schulte-Mattler/Fülbier, KWG, § 9 Rn 26.
[14] Szagunn/Haug/Ergenzinger, KWG, § 9 Rn 7 S. 195
[15] § 203 Abs. 2 StGB.
[16] Geurts/Koch/Schebesta/Weber, Bankgeheimnis und Bankauskunft in der Praxis, S. 11; Schimansky/Bunte/Lwowski/Bruchner, Bankrechtshandbuch, § 39 Rn 4 m.w.N.
[17] Sichtermann/Feuerborn/Kirchherr, Bankgeheimnis und Bankauskunft, S. 38; Kümpel, Bank- und Kapitalmarktrecht, Rn 2.142.; Dahm/Hamacher, Auskunftsbegehren der Finanzbehörden, S.9; Boos/Fischer/Schulte-Mattler/Fülbier, KWG, Rn 10; Rehbein, ZHR 1985, S. 139 f.; Steindorff, ZHR 1985, S. 151.
[18] Claussen, Bank- und Börsenrecht, Rn 1.
[19] Christopoulou, Das Bankgeheimnis im Wirtschaftsverkehr, S.3.

Die höchstrichterliche Rechtssprechung[20] hat das Bankgeheimnis als „selbstverständliche Nebenpflicht“ des Bankvertrages[21] anerkannt. Die Einbeziehung des Bankgeheimnisses in die AGB-Banken zielt lediglich darauf ab, diese Erscheinungsform der Bankpraxis zu bestätigen und damit das Vertrauen der Kunden in die Kreditinstitute zu verstärken.[22]

### aa) Verfassungsrechtliche Grundlagen

Im Schrifttum ist das Bankgeheimnis häufig verfassungsrechtlich begründet worden. Der verfassungsrechtlich abgesicherte Umfang bleibt hingegen umstritten.[23] Der Anspruch des Kunden auf Wahrung des Bankgeheimnisses wird durch das Grundrecht der allgemeinen Handlungsfreiheit des Art. 2 Abs. 1 GG, andererseits durch das allgemeine Persönlichkeitsrecht der Art. 2 Abs. 1 i.V.m. Art. 1 Abs. 1 GG verankert.[24] Das Persönlichkeitsrecht gewährt dem Bürger oder Bankkunden Schutz vor einem Eingriff des Staates.

Da der Staat in Bezug auf den Bankkunden weder in die bankvertragliche, noch in die gewohnheitsrechtliche Herleitung des Bankgeheimnisses und den daraus resultierenden Schutz einbezogen ist, gewinnt eine grundrechtliche Herleitung des grundrechtlichen Schutzes des Bankgeheimnisses im Verhältnis Staat gegenüber Bank und Bankkunde an Bedeutung.[25] Primär schützen Grundrechte vor Eingriffen des Staates. Inwieweit sie dagegen im Verhältnis zwischen Bank und Kunden „unmittelbare Drittwirkung“ enthalten, ist umstritten.[26] Darüber hinaus wird die Ansicht vertreten, dass durch Eingriffe in das Bankgeheimnis auch das Grundrecht der Bank auf Berufsfreiheit gem. Art. 12 GG verletzt sein könnte.[27] Eine Einschränkung würde das Vertrauensverhältnis zwischen Kunden und Bank betreffen und zu einer Beeinträchtigung der ungestörten Tätigkeit der

---

[20] BGHZ 27, S. 241, 246; 95, S. 362, 365.

[21] Schimansky/Bunte/Lwowski/Hopt, Bankrechtshandbuch, § 1 Rn 1 ff.; kritisch dazu Lang, BKR 2003, S. 227, 234.

[22] Christopoulou, Das Bankgeheimnis im Wirtschaftsverkehr, S.3 f.; kritisch zur vollständigen Einbeziehung der AGB im Bankvertrag Roth, WM 2003, S. 480, 482.

[23] Bruchner/Stützle, Leitfaden zu Bankgeheimnis und Bankauskunft, S. 4.

[24] Dahm, WM 1996, S. 1285, 1292.

[25] Huhmann, Die verfassungsrechtliche Dimension des Bankgeheimnisses, S. 35.

[26] Bruchner/Stützle, Leitfaden zu Bankgeheimnis und Bankauskunft, S.5; Maunz-Dürig/Di Fabio, GG, Band 1, Art. 2 Rn 191.

[27] Bruchner/Stützle, Leitfaden zu Bankgeheimnis und Bankauskunft, S. 5.

Bank führen. Der Gesetzgeber ist in Ausübung seines gesetzgeberischen Ermessens berechtigt, das Bankgeheimnis durch ein einfaches Gesetz einzuschränken, insoweit aber an die Grenzen des „Übermaßverbotes" gebunden.[28] Der Eingriff darf nicht übermäßig belastend und unzumutbar sein[29], sondern muss durch vernünftige und sachgerechte Erwägungen des „Gemeinwohls" gerechtfertigt sein.

### bb) Privatrechtliche Grundlagen

Durch ein gegenseitiges Vertrauensverhältnis ist die geschäftliche Beziehung zwischen Kunde und Bank geprägt, wodurch in hohem Maße Treuepflichten begründet werden. Der sich hieraus ergebenden Treuepflicht ist das Kreditinstitut zur Verschwiegenheit über Informationen verpflichtet, die es im Rahmen der Geschäftsverbindung über ihren Kunden erlangt. Gleichzeitig gewährt das Bankgeheimnis das Recht, Auskünfte gegenüber jedermann zu verweigern.[30] Die Verschwiegenheit bedarf keiner ausdrücklichen Vereinbarung, da sie als Selbstverständlichkeit anzusehen ist. Nach Rechtsprechung und herrschender Lehre gilt die Wahrung des Bankgeheimnisses als Nebenpflicht stets als vereinbart. Eine Durchbrechung dieser Verschwiegenheitspflicht bedarf in jedem Einzelfall einer besonderen Rechtfertigung.

### cc) Pflicht zur Amtsverschwiegenheit

Während die Geheimhaltungspflicht der Bank bis heute keine allgemeine gesetzliche Regelung gefunden hat, bestehen besondere gesetzliche Vorschriften für öffentlich-rechtliche Kreditinstitute.[31] Sparkassen und Landesbanken sind als Anstalten des öffentlichen Rechts als Behörden anzusehen.[32] In den für sie geltenden Gesetzen[33] ist eine gesetzliche Verpflichtung zur Wahrung der Amts-

[28] Schimansky/Bunte/Lwowski/Bruchner, Bankrechtshandbuch, § 39 Rn 5.
[29] BVerfG 18, S. 361 f.
[30] Schimansky/Bunte/Lwowski/Bruchner, Bankrechthandbuch, § 39 Rn 7 m.w.N.
[31] Schimansky/Bunte/Lwowski/Bruchner, Bankrechthandbuch, § 39 Rn 7.
[32] BGH, NJW 1963, S. 1630; BVerwG, Bay VBl. 1964, S. 186.
[33] vgl. z. B.: §§ 22, 24 Sparkassengesetz Nordrhein-Westfalen; § 24 Abs. 4 Sparkassengesetz Baden-Würtemberg; §§ 23, 24 Abs. 4 Sparkassengesetz Mecklenburg-Vorpommern.

verschwiegenheit geregelt.[34] Im Verfahrensrecht entspricht dies der Notwendigkeit einer vorherigen Aussagegenehmigung des Amtsvorgesetzten.
Die Pflicht zur Amtsverschwiegenheit der öffentlich-rechtlichen Kreditinstitute tritt neben die Rechtsgrundlagen des Bankgeheimnisses.[35]

**dd) Verankerung des Bankgeheimnisses in den AGB**

Der hohe Stellenwert des Bankgeheimnis führte dazu, dass die Verschwiegenheitspflicht unmittelbar Erwähnung in den AGB der privaten Banken und in den AGB der Volks- und Raiffeisenbanken gefunden hat.[36] Der Begriff Bankgeheimnis wird in den seit dem 01.01.1993 geltenden AGB-Banken in Nr.2 Abs. 1 folgendermaßen formuliert:
„Die Bank ist zur Verschwiegenheit über alle kundenbezogenen Tatsachen und Wertungen verpflichtet, von denen sie Kenntnis erlangt (Bankgeheimnis). Informationen über den Kunden darf die Bank nur weitergeben, wenn gesetzliche Bestimmungen dies gebieten oder der Kunde eingewilligt hat oder die Bank zur Erteilung einer Bankauskunft befugt ist.“
Damit wird klar, dass das Bankgeheimnis eine zentrale Rolle im Geschäftsleben zwischen Kunde und Kreditinstitut spielt. Jegliche Tatsachen und Wertungen, die Kreditinstitute im Rahmen ihrer Geschäftstätigkeit erlangt haben, unterliegen der Verschwiegenheitspflicht.[37] Auch eine generelle Informationsweitergabe von anfragenden ausländischen staatlichen Stellen an inländische Kreditinstitute aufgrund auslandbezogener Geschäftsvorfälle wurde damit unterbunden. Die Bank teilt damit kraft allgemeinen Bankvertrages die Geheimsphäre des Verbrauchers.[38] In den AGB der Sparkassen und Landesbanken bzw. Girozentralen ist keine Definition des Bankgeheimnisses

[34] Nuissl, Bankgeschäftsrecht, Rn 22.
[35] Heidrich, Verbraucherschutz in der Kreditwirtschaft, S. 128.
[36] Heidrich, Verbraucherschutz in der Kreditwirtschaft, S. 128.
[37] Christopoulou, Das Bankgeheimnis im Wirtschaftsverkehr, S. 34.
[38] Schwintowski/Schäfer, Bankrecht, § 1 Rn 142.

enthalten.[39] Eine Einfügung wurde als nicht notwendig erachtet, da das Bankgeheimnis hinlänglich geschützt ist[40], wohingegen es für die AGB-Banken eine rein klarstellende Bedeutung hat und der Transparenz dient.[41]

### b) Gegenstand des Bankgeheimnisses

Den Gegenstand des Bankgeheimnisses bestimmen in ihrem Inhalt und Umfang zwei Aspekte.[42] Zum einen ist der Wille des Kunden in Betracht zu ziehen und zum anderen der innere Zusammenhang der geheimzuhaltenden Tatsachen mit der Geschäftsverbindung.[43]

#### aa) Geheimnisherr

Nach der Rechtsprechung[44] umfasst das Bankgeheimnis alle „Tatsachen, die der Kunde geheim zu halten wünscht".[45] Danach ist zunächst der wirkliche Wille des Kunden zu betrachten.[46] Dabei ist unerheblich, ob der Wunsch des Kunden zur Geheimhaltung seitens der Bank seinem objektiven Interesse entspricht. Maßgeblich ist nur, was dem Willen des Kunden entspricht.

In vielen Fällen ist es für die Bank schwierig, den wirklichen Willen des Kunden festzustellen. Daher ist es notwendig, den mutmaßlichen Willen des Kunden in Betracht zu ziehen.[47] Ist dieser nicht zu ermitteln, so stellt sich subsidiär das objektive Interesse des Kunden zur Bestimmung des Bankgeheimnisses zur Verfügung. Prinzipiell spricht eine Vermutung dafür, dass der Kunde alles, was sei-

---

[39] Nr. 1 Abs. 1 AGB der Sparkassen und Landesbanken/ Girozentralen: „Die Geschäftsbeziehung zwischen dem Kunden und der Sparkasse ist durch die Besonderheiten des Bankgeschäfts und ein besonderes Vertrauensverhältnis geprägt. Der Kunde kann sich darauf verlassen, dass die Sparkasse seine Aufträge mit der Sorgfalt eines ordentlichen Kaufmanns ausführt und das Bankgeheimnis wahrt.".

[40] Heidrich, Verbraucherschutz in der Kreditwirtschaft, S. 129.

[41] Schimansky/Bunte/Lwowski/Bruchner, Bankrechtshandbuch, § 39 Rn 3.

[42] Gößmann/Wagner-Wieduwilt/Weber, AGB der Banken, Rn 1/35.

[43] Christopoulou, Das Bankgeheimnis im Wirtschaftsverkehr, S. 3.

[44] BGHZ 27, S. 241, 246; vgl. auch RGZ 139, S. 103, 105 f.

[45] Hadding/Musielak, Bankgeheimnis und Bankauskunft in der Bundesrepublik Deutschland, S. 14.

[46] Steindorff, ZHR 1985, S. 151 f.

[47] BGHZ 95, S. 362, 365.

ne Geschäftsbeziehung mit der Bank anbelangt, geheim halten möchte. Dabei sind unter „Geschäftsbeziehung“ alle Formen des rechtsgeschäftlichen Verkehrs mit dem Kunden zu verstehen.

Die Geheimhaltungspflicht der Kreditinstitute erstreckt sich dabei auf Kontakte vorvertraglicher Art, auf geheim zu haltende Tatsachen und Werturteile des Kunden, sowie auf Familienangehörige und Geschäftspartner.[48] Offenkundige oder allgemein bekannte Tatsachen, die die Bank nicht im Zusammenhang mit der Geschäftsverbindung des Kunden in Erfahrung gebracht hat, unterliegen nicht der vertrauensrechtlichen Haftung.
Die Kenntnisnahme der Bank erfolgte nicht unter Ausnutzung des Vertrauensverhältnisses. Das Bankgeheimnis ist gegenüber jedem Dritten zu wahren. Rechtfertigungsgründe für eine Durchbrechung des Bankgeheimnisses bei berechtigtem Interesse eines Dritten bestehen nicht. Dies gilt analog für Ehegatten. Verstirbt der Kunde, so ist der Erbe der neue Geheimnisherr.[49]

**bb) Geheimhaltungsverpflichteter**

Das Kreditinstitut, als Träger der Geheimhaltungspflicht, mit dem der Kunde in einer Geschäftsbeziehung steht, ist zur Wahrung des Bankgeheimnisses verpflichtet. Der Personenkreis umfasst diejenigen, die direkt gegenüber dem Verbraucher aus der Geschäftsbeziehung verpflichtet sind.[50] Unerheblich ist, ob der Betroffene die Information unmittelbar im Zusammenhang oder innerhalb der Bank in Erfahrung gebracht hat.[51] Geheimhaltungsverpflichtete sind dabei Inhaber bzw. Organe des Instituts (z.B. Vorstand, Aufsichtsrat, Verwaltungsrat etc.) sowie die Mitglieder sonstiger Gremien (Kreditausschuss, Beirat etc.).[52]
Ebenso sind alle Angestellten zur Geheimhaltung verpflichtet. In Ermangelung der fehlenden Rechtsbeziehung zum Kunden resultiert deren Verschwiegen-

[48] Christopoulou, Das Bankgeheimnis im Wirtschaftsverkehr, S. 6; Schimansky/Bunte/Lwowski/Bruchner, Bankrechtshandbuch, § 39 Rn 8.
[49] Schimansky/Bunte/Lwowski/Bruchner, Bankrechtshandbuch, § 39 Rn 10.
[50] Heidrich, Verbraucherschutz in der Kreditwirtschaft, S. 130.
[51] Schimansky/Bunte/Lwowski/Bruchner, Bankrechtshandbuch, § 39 Rn 13.
[52] Junker, DStR 1996, S. 224, 226.

heitspflicht aus dem Arbeitsvertrag.[53] Besteht keine ausdrückliche Abrede, so ergibt sich diese Pflicht als eine Nebenpflicht aus dem Arbeitsvertrag, denn der Angestellte hat eine Treuepflicht gegenüber dem Arbeitgeber.[54] Die dem Datengeheimnis unterliegenden Personen werden bei Tätigkeitsbeginn gem. § 5 Satz 1 Bundesdatenschutzgesetz auf das Datengeheimnis verpflichtet, sofern sie bei nicht öffentlichen Stellen beschäftigt sind. Bei der Abwicklung eines Geschäftsvorfalles eines Kunden zwischen verschiedenen Kreditinstituten besteht ebenso die Pflicht zur Geheimhaltung, da die beteiligten Banken in die bestehende Geheimhaltungspflicht eingebunden sind.[55]

### cc) Umfang der Geheimhaltungspflicht

Das Bankgeheimnis stellt sich in zwei rechtlich erfassbaren Erscheinungsformen dar, die sich gegenseitig bedingen und ergänzen. Diese Unterteilung in Auskunftsverweigerungsrecht und Geheimhaltungspflicht kennzeichnet eine Klassifikation des Bankgeheimnisses in eine öffentlich-rechtliche und eine privatrechtliche Form.[56]

#### aaa) Geheimhaltungspflicht

Hierbei handelt es sich um die historisch ältere Bedeutung des Begriffes „Bankgeheimnis“, worunter, wie bereits behandelt, die Verpflichtung der Bank verstanden wird, keinerlei Auskünfte und Informationen über Tatsachen weiterzugeben, die sie auf Grund ihrer Geschäftsverbindung mit dem Kunden erhalten hat. Dabei ist nach der Prämisse zu verfahren, gesetzliche Ausnahmevorschriften zu beachten.[57]

---

[53] Wolff, DB 1968, S. 695, 696.
[54] Palandt/Putzo, BGB, § 611 Rn 41.
[55] Heidrich, Verbraucherschutz in der Kreditwirtschaft, S. 131.
[56] Hoffmann, Rechtliche Schranken interner Informationsflüsse in Kreditinstituten, S. 33.
[57] Achleitner, Das Bankgeheimnis, S. 15.

### bbb) Auskunftsverweigerungsrecht

Das Auskunftsverweigerungsrecht korrespondiert mit der Geheimhaltungspflicht der Bank. Soweit die Kreditinstitute ihren Kunden oder den mit ihnen in geschäftlichen Kontakt tretenden Personen zur Verschwiegenheit verpflichtet sind, dürfen sie Dritten gegenüber die Auskunft verweigern.[58] Dieses Recht zur Verschwiegenheit richtet sich ausschließlich gegen Dritte und kann niemals dem Kunden gegenüber geltend gemacht werden.[59]

### c) Durchbrechung des Bankgeheimnisses

Wie jedes Recht gilt auch das Bankgeheimnis nicht uneingeschränkt und ist einer Vielzahl gesetzlicher Reglementierungen unterworfen, welche nachfolgend zur Verdeutlichung skizziert werden.[60]

### aa) Einschränkungen durch gesetzliche Normen

Die Zulässigkeit einer Durchbrechung des Bankgeheimnisses durch gesetzliche Normen hängt von der zu durchbrechenden Vorschrift ab. Inwieweit ist diese Rechtsnorm formell oder materiell gültig?

Des weiteren ist zu fragen, ob die Vorschrift den Grundsatz der Verhältnismäßigkeit beachtet und so mit dem Rechtsstaatsprinzip vereinbar ist.[61] In der Folge darf die Vorschrift das Bankgeheimnis nicht in seinem Wesensgehalt gem. Art. 19 Abs. 2 GG antasten. Eine sorgfältige Prüfung dieser Punkte muss in jedem Einzelfall durch den Gesetzgeber durchgeführt werden.[62]

---

[58] Bürger, Rechtsfragen zur Bankauskunft, S. 31.

[59] Achleitner, Das Bankgeheimnis, S. 15.

[60] ausführlich bei Schimansky/Bunte/Lwowski/Bruchner, Bankrechtshandbuch, § 39 Rn 15 ff.; Geurts/Koch/Schebesta/Weber, Bankgeheimnis und Bankauskunft in der Praxis, S. 21 ff.; Sichtermann/Feuerborn/Kirchherr, Bankgeheimnis und Bankauskunft, §§ 10 bis 16; ergänzend bei Kümpel, Bank- und Kapitalmarktrecht, Rn 2.152 ff.

[61] Heidrich, Verbraucherschutz in der Kreditwirtschaft, S. 131.

[62] Dahm, WM 1996, S. 1285, 1289.

### bb) Offenbarungspflichten gegenüber staatlichen Stellen

Gegenüber staatlichen Stellen besteht grundsätzlich eine Geheimhaltungspflicht, sofern nicht eine ausdrückliche gesetzliche Offenbarungspflicht besteht. Daher steht den Banken in weitem Umfang ein Aussageverweigerungsrecht vor Gericht zu.[63]

Im Folgenden werden die Verweigerungsrechte und -pflichten der Banken und ihrer Mitarbeiter anhand der bedeutsamsten Verfahren dargestellt.

#### aaa) Zivilprozess

Im Zivilprozess ist ein Zeuge, gem. § 383 Abs. 1 Nr. 6 und § 384 Nr. 3 ZPO, berechtigt, sein Zeugnisverweigerungsrecht geltend zu machen, indem er seine Aussage hinsichtlich solcher Tatsachen verweigert, die er ohne Offenbarung eines Gewerbegeheimnisses nicht beantworten könnte[64], sofern der Kunde ihm nicht ausdrücklich eine Aussagegenehmigung erteilt hat.[65] Das Gewerbegeheimnis umfasst hier das Bankgeheimnis. Angehörige öffentlich-rechtlicher Kreditinstitute bedürfen darüber hinaus einer Aussagegenehmigung ihres Dienstvorgesetzten gem. § 376 ZPO. Diese zivilrechtliche Regelung gilt aufgrund gesetzlicher Verweisungen auch im Arbeitsgerichtsprozess, in Sozialgerichtsverfahren, Verwaltungsgerichtsverfahren, Insolvenzverfahren sowie in der freiwilligen Gerichtsbarkeit.[66]
Als Drittschuldnerin hat die Bank, bei der Vollstreckung in ein Bankguthaben, auf Verlangen des Gläubigers innerhalb von zwei Wochen nach Zustellung des Pfändungsbeschlusses die sog. Drittschuldnererklärung gem. § 840 ZPO abzugeben.[67] Bei der Vorpfändung von Forderungen gem. § 845 ZPO besteht keine Auskunftspflicht, da sie in Ermangelung der Zustellung des Pfändungsbeschlusses, lediglich eine private Benachrichtigung des Drittschuldners durch den

[63] Heidrich, Verbraucherschutz in der Kreditwirtschaft, S. 132.
[64] Kümpel, Bank- und Kapitalmarktrecht, Rn 2.169; Heidrich, Verbraucherschutz in der Kreditwirtschaft, S. 132; Canaris, Bankvertragsrecht, Rn 63.
[65] Junker, DStR 1996, S. 224, 226.
[66] § 46 Abs. 2 S.1 ArbGG; §§ 118 Abs. 1, 202 SGG; § 98 VwGO; § 15 Abs. 1 S. 1 FGG; § 4 InsO.
[67] Kümpel, Bank- und Kapitalmarktrecht, Rn 2.170.

Gläubiger darstellt.[68] Im Zuge der Vollziehung eines Arrestes ist nach § 930 ZPO eine Pfändung ausreichend.[69]

**bbb) Sozialrecht**

Die Träger der Sozialhilfe haben gem. § 118 Abs. 1 SGG mit Verweis auf die ZPO keinen Anspruch auf Auskunft über die Vermögensverhältnisse eines betroffenen Antragstellers bei der Überprüfung der Hilfsbedürftigkeit auf Sozialhilfe.[70] Die Gewährung der Sozialhilfe hängt davon ab, ob der Betroffene die Kreditinstitute nennt und von der Verschwiegenheitspflicht entbindet.

Die Entbindung vom Bankgeheimnis gilt allerdings nur für die vom Antragsteller genannten Banken.[71] Demgegenüber ist der Sozialhilfeempfänger gem. § 60 Abs. 1 Nr. 1 SGB I auf Verlangen des zuständigen Leistungsträgers verpflichtet, den erforderlichen Auskünften zuzustimmen.

Die in der Zustimmung zur Auskunftserteilung liegende Entbindung vom Bankgeheimnis muss daher konkret formuliert sein.
Aufgrund dieses Erfordernisses einigten sich die Spitzenverbände der Kreditwirtschaft 1979 auf „Grundsätze für Verfahren bei der Erteilung von Auskünften über Bankkonten von Sozialhilfeempfängern".[72] Eine Ausnahme gilt im Bereich der beim Bundesamt für Finanzen gespeicherten Daten zum Freistellungsauftrag. Gemäß § 45 d Abs. 3 EStG dürfen diese Daten den Sozialbehörden zur Verfügung gestellt werden. Entsprechende Grundsätze gelten für alle sonstigen Behörden, für die keine speziellen Auskunftsregelungen bestehen, insbesondere für Jugendämter und Ausgleichsämter.[73]
Eine Sonderregelung gilt für die Vermögensüberprüfung der Arbeitslosenhilfeempfänger. Das Arbeitsamt darf im Rahmen der Bedürftigkeitsprüfung für die

[68] Geurts/Koch/Schebesta/Weber, Bankgeheimnis und Bankauskunft in der Praxis, Rn 17.
[69] Baumbach/Lauterbach/Albers/Hartmann, ZPO, § 840 Rn 4.
[70] Junker, DStR 1996, S. 224, 226; Canaris, Bankvertragsrecht, Rn 63.
[71] Heidrich, Verbraucherschutz in der Kreditwirtschaft, S.132.
[72] Schimansky/Bunte/Lwowski/Bruchner, Bankrechtshandbuch, § 39 Rn 110 m.w.N.; Grundsätze abgedruckt in Geurts/Koch/Schebesta/Weber, Bankgeheimnis und Bankauskunft in der Praxis, Anhang IV S. 135 f.
[73] Geurts/Koch/Schebesta/Weber, Bankgeheimnis und Bankauskunft in der Praxis, Rn 58.

Arbeitslosenhilfe nach § 315 SGB III unmittelbar Auskunft über das Vermögen des Arbeitslosen, seines nicht dauernd getrennt lebenden Ehegatten oder Partners einer eheähnlichen Gemeinschaft bei Kreditinstituten einholen. Die Bank muss gem. § 315 Abs. 2 SGB III der Bundesanstalt für Arbeit Auskunft über die Vermögenswerte erteilen. Voraussetzung für die Auskunft ist das Kriterium der Erforderlichkeit. Erforderlich heißt, die notwendige Information konnte nicht auf andere Weise, insbesondere zuvor beim Antragsteller selbst, eingeholt werden.[74] Jedes Auskunftsersuchen ist vom zuständigen Gruppenleiter zu genehmigen, um so den Missbrauchsverdacht zu entkräften. Damit ist in diesem Bereich das Bankgeheimnis, das bisher gegenüber den Trägern der Sozialhilfe konsistent war, durchbrochen worden.[75]

### ccc) Strafverfahren

#### aaaa) Zeugnisverweigerungsrecht

Im Strafverfahren stellt sich die Situation für die Banken und die Kunden anders dar. Hier hat die Bank, also weder die Inhaber noch die Mitarbeiter des Kreditinstitutes, kein Zeugnisverweigerungsrecht, da das Bankgeheimnis nicht unter § 53 StPO fällt.[76]
Bezüglich dieses Rechtszustandes gibt es verfassungsmäßige Bedenken, die mit einem Verstoß gegen das Übermaßverbot begründet werden. Die Nichterwähnung des Bankgeheimnisses in § 53 StPO ist aber nicht zu beanstanden[77], da ein Verstoß gegen das Übermaßverbot nur schwer zu begründen ist.[78]

Eine Aussagepflicht der Bankmitarbeiter besteht auf Ladung des Gerichts gem. den §§ 48 ff. StPO oder der Staatsanwaltschaft nach § 161 a StPO. Mitarbeiter öffentlich-rechtlicher Kreditinstitute benötigen gem. § 54 StPO eine Aussagegenehmigung ihres Dienstvorgesetzten.[79] Im Bußgeldverfahren gilt das Bankge-

[74] Schimansky/Bunte/Lwowski/Bruchner, Bankrechtshandbuch, § 39 Rn 110a.
[75] Geurts/Koch/Schebesta/Weber, Bankgeheimnis und Bankauskunft in der Praxis, Rn 58a.
[76] Sichtermann/Feuerborn, Das Bankgeheimnis, S. 324 f. m.w.N.; Wolff, DB 1968, S. 695 ff.
[77] Claussen, Bank- und Börsenrecht, § 6 Rn 10.
[78] Canaris, Bankvertragsrecht, Rn 64.
[79] Heidrich, Verbraucherschutz in der Kreditwirtschaft, S. 133.

heimnis nicht, wobei gegenüber der Polizei ein Aussageverweigerungsrecht besteht[80], da § 161 a StPO nicht für die Kriminalpolizei gilt. Das Bankgeheimnis hat Vorrang und deckt somit grundsätzlich auch Straftaten.[81]

**bbbb) Beschlagnahme und Durchsuchung**

Geschäftsräume von Kreditinstituten können gem. den §§ 94 Abs. 2, 98 i.V.m. § 103 StPO auf Anordnung zum Zwecke der Beschlagnahme durchsucht sowie die Geschäftsunterlagen von Kreditinstituten, die als Beweismittel von Bedeutung sind, gem. § 98 Abs. 1 Satz 1 StPO durch richterlichen Beschluss beschlagnahmt werden.[82] Im Rahmen von Strafverfolgungsmaßnahmen wird i.d.R. bei Durchsuchungsaktionen ein strenger Maßstab angelegt, da diese einen schweren Eingriff in die grundrechtlich geschützte Lebenssphäre der Betroffenen darstellt.[83] Zu den Rechtmäßigkeitsvoraussetzungen hat sich das Bundesverfassungsgericht[84] in den Beschlüssen vom 23.März 1994 und 13.Dezember 1994 zu Durchsuchungsaktionen wegen des Verdachts der Steuerhinterziehung unbekannt vieler Kunden geäußert und dazu Ausführungen solcher Anordnungen gemacht. Dabei hat es festgestellt, dass diese Durchsuchungsanordnungen geeignet gewesen wären und zur Klärung des Anfangsverdachtes beitragen würden. Eine Grundrechtsverletzung wurde dabei verneint.[85] Prinzipiell wird aber am Grundsatz festgehalten, dass der jeweilige Eingriff in einem angemessenen Verhältnis zur Stärke des bestehenden Tatverdachts stehen muss.[86] Eine Einschränkung bzw. Begrenzung des Bankgeheimnisses im Strafverfahren erfolgte mit dieser Entscheidung nicht.[87]

---

[80] Junker, DStR 1996, S. 224, 226.
[81] Canaris, Bankvertragsrecht, Rn 64.
[82] Schimansky/Bunte/Lwowski/Bruchner, Bankrechtshandbuch, § 39 Rn 46.; Kümpel, Bank- und Kapitalmarktrecht, Rn 2.172; vgl. BVerfG, wistra 2002, S. 298 f.
[83] BVerfGE 42, S. 212, 219.
[84] BVerfG, WM 1995, S. 234 ff.
[85] Heidrich, Verbraucherschutz in der Kreditwirtschaft, S. 133.
[86] BVerfG, WM 1994, S. 691; Schimansky/Bunte/Lwowski/Bruchner, Bankrechtshandbuch, § 39 Rn 50.
[87] Habetha, WM 1996, S. 2133 f.

**ddd) Steuerverfahren**

Die gesetzliche Pflicht der Kreditinstitute zur Wahrung des Bankgeheimnisses ist gegenüber den Finanzbehörden unterschiedlich gestaltet.[88] Diese Pflicht zur Auskunftserteilung besteht aber nur dann, wenn die verlangte Auskunft zur Sachverhaltsfeststellung notwendig und geeignet ist, die Pflichterfüllung für den Betroffenen nicht unmöglich und die Inanspruchnahme erforderlich, verhältnismäßig und zumutbar ist.[89] Diese Grundsätze sind vom BFH in einer Entscheidung vom 23.Oktober 1990 bestätigt worden.[90] Die Voraussetzungen, unter denen Kreditinstitute gesetzlich verpflichtet sind, Tatsachen, die dem Bankgeheimnis unterliegen, der Finanzbehörde zu offenbaren, sind in der seit 01.01.1977 geltenden Abgabenordnung geregelt.[91] Ausgangspunkt ist § 393 Abs. 1 AO, wonach sich Rechte und Pflichten der Verfahrensbeteiligten nach der jeweils zugrunde liegenden Verfahrensart bestimmen.

Zu unterscheiden sind Auskunftsverlangen im Besteuerungs-[92] oder Steuerstraf-[93] bzw. Ordnungswidrigkeitsverfahren[94]. Im Steuerstrafverfahren gelten die bereits dargestellten Regelungen des Strafverfahrens, sofern die Abgabenordnung keine Sonderregelungen[95] enthält.[96] Durch die Verfahrensarten Steuerfahndung und das spezielle Steuerstrafverfahren, ist das Bankgeheimnis am weitesten durch den Gesetzgeber eingeschränkt worden.[97] Durch das Steuerreformgesetz[98] 1990 vom 25.07.1987 ist der sog. Bankenerlass[99].

---

[88] Kümpel, Bank- und Kapitalmarktrecht, Rn 2.175; Vortmann, WM 1996, S. 1166, 1168.
[89] Schwintowski/Schäfer, Bankrecht, Rn 151.
[90] BFH, WM 1991, S. 800.
[91] Schimansky/Bunte/Lwowski/Bruchner, Bankrechtshandbuch, § 39 Rn 66.
[92] Hierzu ausführlich Schimansky/Bunte/Lwowski/Bruchner, Bankrechtshandbuch, § 39 Rn 84 ff.
[93] Hierzu ausführlich Schimansky/Bunte/Lwowski/Bruchner, Bankrechtshandbuch, § 39 Rn 95 ff.; OFD Nürnberg, DStR 1990, S. 316 ff.
[94] Sichtermann, Bankgeheimnis und Bankauskunft, Rn 34 S. 27.
[95] §§ 208 ff., 385 ff. AO.
[96] Heidrich, Verbraucherschutz in der Kreditwirtschaft, S. 135.
[97] Kümpel, Bank- und Kapitalmarktrecht, Rn 2.176.
[98] BGBl. I 1987 S. 1093 ff.
[99] BStBl. I 1979 S. 590 f.

vom 31.08.1979 als schlichte Verwaltungsanweisung, im Wesentlichen inhaltsgleich, als § 30 a in der Abgabenordnung verankert worden.[100]
Aufgrund der besonderen Bedeutung, die dem § 30 a AO im Rahmen des Steuervergünstigungsabbaugesetzes[101] zu Teil wurde, um darin dessen Aufhebung zu beschließen, widmet sich die Arbeit nachfolgend diesem.[102]

### eee) Bekämpfung der Geldwäsche

Das Geldwäschegesetz[103] wurde aufgrund der Geldwäscherichtlinie[104] durch die Bundesregierung eingeführt.[105] Gleichzeitig wurde der Straftatbestand „Geldwäsche" in das Strafgesetzbuch (§ 261 StGB) eingefügt.[106]
Eine Anzeige i.S.v. § 261 StGB i.V.m. § 11 GwG stellt keine Verletzung des Bankgeheimnisses dar. Handlungen, die Geldbeträge aus Drogen- und Menschenhandel, Schutzgelderpressung sowie Zuhälterei in den normalen Geldkreislauf einschleusen und das Element des Missbrauchs des Finanzsystems aufweisen[107], zählen zur Geldwäsche.[108] Bei der Feststellung von Tatsachen, die darauf schließen lassen, dass es sich bei einer Finanztransaktion um Geldwäsche i.S.v. § 261 StGB handelt, sind gem. § 11 GwG alle Kredit- und Finanzdienstleistungsinstitute dazu verpflichtet, den zuständigen Strafverfolgungsbehörden Anzeige zu erstatten.[109] Die auf einem subjektiven Anfangsverdacht beruhende Erstattung dieser Anzeigen werden durch § 12 GwG gedeckt, wodurch dem

[100] Hierzu ausführlich Schimansky/Bunte/Lwowski/Bruchner, Bankrechtshandbuch, § 39 Rn 67 ff.
[101] Melchior, DStR 2003, S. 709 ff.
[102] s. unter Gliederungspunkt B. I. 2.
[103] Gesetz über das Aufspüren von Gewinnen aus schweren Straftaten (Geldwäschegesetz – GwG) vom 25.10.1993, BGBl. I 1993, S. 1770, zuletzt geändert durch Gesetz vom 04.05.1998, BGBl. I 1998, S. 845, abgedruckt in Fülbier/Aepfelbach, GwG, S. 1.
[104] Richtlinie 91/308/EWG des Rates vom 10.06.1991 zur Verhinderung der Nutzung des Finanzsystems zum Zwecke der Geldwäsche (Geldwäscherichtlinie), Nr. L 166/77, abgedruckt in Füllbier/Aepfelbach, GwG, Anh. II.1 S. 471; eingehend Carl/Klos, DStZ 1994, S. 68, 74.
[105] Fischer/Klanten, Bankrecht – Grundlagen der Rechtspraxis, Rn 4.103.
[106] zur Auslegung des § 261 StGB dazu ausführlich Leip, Der Straftatbestand der Geldwäsche, S. 25 ff.
[107] Fabel, Geldwäsche und tätige Reue, S. 7.
[108] Claussen, Bank- und Börsenrecht, Rn 14a; so auch Herzog/Christmann, WM 2003, S. 6.
[109] Geurts/Koch/Schebesta/Weber, Bankgeheimnis und Bankauskunft in der Praxis, Rn 33.

Mitarbeiter ein Beurteilungsspielraum eingeräumt wird[110], weder das Bankgeheimnis noch ähnliche Verschwiegenheitspflichten zu verletzen.[111] Die Staatsanwaltschaften sind gem. § 10 Abs. 2 GwG gehalten, bei Einleitung eines strafprozessualen Ermittlungsverfahrens, die Informationen an die Finanzbehörden zu melden, die ihrerseits diese Informationen für Steuerverwaltungs- und Steuerstrafverfahren verwenden dürfen.

Grundsätzlich hat das Kreditinstitut bei der Eröffnung von Konten und Depots eine Legitimationsprüfung gem. § 154 AO durchzuführen, um so den wirtschaftlich Berechtigten festzustellen.[112] Durch das Geldwäschegesetz werden die Kreditinstitute[113] verpflichtet, bei der Abwicklung von Bartransaktionen[114] ab einem Schwellenbetrag von 15000 € die auftretende Person anhand eines Ausweisdokumentes zu identifizieren und diese Daten aufzuzeichnen (§§ 2, 9 GwG).[115] Weitere Identifizierungspflichten ergeben sich aus dem Geldwäschegesetz gem. § 3, § 4 sowie § 6 GwG.

Bei der Durchführung der Anzeigepflicht verliert der Bankkunde, aufgrund der Freistellung der Bankangestellten von jeglicher rechtlichen Verantwortlichkeit, den Schutz des Bankgeheimnisses. Eine zulässige Durchbrechung des Bankgeheimnisses muss dem Gemeinwohl dienen sowie als verhältnismäßig zu charakterisieren sein.[116] Allerdings ist ein Eingriff in das Bankgeheimnis und das Recht auf informationelle Selbstbestimmung des Angezeigten durch den Schutz eines verfassungsrechtlich anerkannten Rechtsguts, der Verfolgung von Straftaten, zu rechtfertigen.[117]

---

[110] Fülbier/Aepfelbach, GwG, § 12 Rn 5; Löwe-Krahl, wistra 1993, S. 123; Lange/Höche, WM 2003, S. 1655, 1667.

[111] BT-Drucksache 12/2704, S. 19 unter http://www.parlamentsspiegel.de, Stand: 07.09.2003.

[112] Schimansky/Bunte/Lwowski/Bruchner, Bankrechtshandbuch, § 42 Rn 60 ff. m.w.N.; Fülbier, WM 1990, S. 2025, 2034.

[113] Die Definition des Begriffs „Kreditinstitut“ in § 1 Abs. 1 GwG verweist auf § 1 Abs. 1 KWG, wonach die in § 2 Abs. 1 Ziffer 4, 7 und 8 KWG genannten Unternehmen die Ausnahmen i.S.d. GwG darstellen; so auch: Lang/Schwarz/Kipp, Regelungen zur Bekämpfung der Geldwäsche, S. 294.

[114] hierzu zählen auch Tafelgeschäfte i.S.v. § 2 Abs. 1 GwG i.V.m. § 1 Abs. 1 DepotG; eingehend Carl/Klos, DStZ 1991, S. 24, 30.

[115] Geurts/Koch/Schebesta/Weber, Bankgeheimnis und Bankauskunft in der Praxis, Rn 33a.

[116] Christopoulou, Das Bankgeheimnis im Wirtschaftsverkehr, S. 136 f.

[117] Fülbier, WM 1990, S. 2025, 2028; BVerfGE 57, S. 250, 284; BVerfG, NJW 1990, S. 563, 564 f.

### cc) Schranken im Zivilrecht

#### aaa) Das Verhältnis von Bankgeheimnis und Bankauskunft

Eine Regelung zum Verhältnis Bankgeheimnis und Bankauskunft ist in Ziff. 10 der AGB der Banken zu finden. Die Bank ist berechtigt über juristische Personen und im Handelsregister eingetragene Personen Bankauskünfte zu erteilen, sofern keine anders lautende Weisung vorliegt, wohin gegen bei allen übrigen Personengruppen, bei erteilter Erlaubnis, die Bank eine Auskunft erteilt.[118]

Grundsätzlich gilt ohne vertragliche Regelung das Prinzip vom Vorrang des Geheimschutzes.[119] Ohne Einwilligung des Kunden kraft Verkehrssitte oder Handelsbrauch hat die Bank somit kein Recht zur Auskunft.[120] Das Bankgeheimnis, als fundamentales Gebot gegenüber dem Handelsbrauch, hat im Verhältnis zur Bankauskunft in Ziff. 10 der AGB-Banken einen eigenständigen Regelungsgehalt und ist uneingeschränkt an dessen Inhaltskontrolle gem. § 307 Abs. 1 BGB zu messen.[121] Unter voller Beachtung der Grundsätze des Bankgeheimnisses entwickelte sich das Bankauskunftsverfahren[122] zu einer praktischen Handhabung.
Durch die Einführung eines genau reglementierten Verfahrens[123] wurde die Herausbildung eines unkontrollierbaren und rechtlich angreifbaren Auskunftswesen vermieden.[124]

---

[118] Canaris, Bankvertragsrecht, Rn 56; Carl/Klos, Bankgeheimnis und Quellensteuer im Vergleich internationaler Finanzmärkte, S. 8 f.
[119] Sichtermann/Feuerborn/Kirchherr, Bankgeheimnis und Bankauskunft, S. 164 ff.
[120] Schraepler, NJW 1972, S. 1826 ff.
[121] Canaris, Bankvertragsrecht, Rn 56.
[122] Gößmann/Wagner-Wieduwilt/Weber, AGB der Banken, Rn 1/56.
[123] Auf der Grundlage des „Gemeinsamen Kommunique" der Datenschutzaufsichtsbehörden des Bundes und der Länder vereinbarten die kreditwirtschaftlichen Spitzenverbände 1987 die „Grundsätze für die Durchführung des Bankauskunftsverfahrens zwischen Kreditinstituten". Diese Grundsätze sind 1993 bei der Neufassung der Regelungen des Bankauskunftsverfahrens in den AGB berücksichtigt worden.
[124] Kümpel, Bank- und Kapitalmarktrecht, Rn 2.192.

### bbb) Die Ergänzung des Bankgeheimnisses durch das BDSG

#### aaaa) Das Verhältnis von BDSG und Bankgeheimnis

Das BDSG regelt den Umgang mit personenbezogenen Daten aller natürlichen Personen (§ 3 Abs. BDSG).[125] Das geschützte Rechtsgut des BDSG ist das aus der Verfassung (Art. 2 Abs. 1 i.V.m. Art 1 Abs. 1 GG) abgeleitete „Persönlichkeitsrecht" des Einzelnen bzw. entsprechend dem BDSG des Betroffenen (§ 1 Abs. 1 BDSG).[126] Das Recht auf informationelle Selbstbestimmung des Bankkunden wird als ein wichtiger Teil seines Persönlichkeitsrechtes durch das BDSG geschützt.[127] Datenschutz und Bankgeheimnis sind nur in Teilbereichen deckungsgleich. Die Verschwiegenheitspflicht beim Bankgeheimnis hängt vom Willen des Kunden bzw. die Durchbrechung von der Einwilligung des Kunden ab, sofern nicht ein gesetzlicher oder sonstiger Rechtfertigungsgrund vorliegt. Nach dem BDSG ist eine Einwilligung des betroffenen Kunden gem. § 24 BDSG entbehrlich. Grundsätzlich stehen Bankgeheimnis und BDSG nebeneinander, wobei die Reichweite des vertraglichen Bankgeheimnisses umfassender ist als der Schutzbereich des BDSG.[128] Zwischen ihnen besteht weder Subsidiarität noch Spezialität, sondern Anspruchskonkurrenz.[129]

#### bbbb) Das Verhältnis von BDSG und Bankauskunft

Eine praktische Bedeutung erlangt die Bankauskunft, wenn Einzelangaben über persönliche und sachliche Verhältnisse einer bestimmten natürlichen Person gemacht werden.[130] Die in Bankauskünften enthaltenen Werturteile sind ebenso als personenbezogene Daten anzusehen.[131]

---

[125] Schwintowski/Schäfer, Bankrecht, Rn 171.
[126] Christopoulou, Das Bankgeheimnis im Wirtschaftsverkehr, S. 18; Gallwas, NJW 1992, S. 2785, 2790.
[127] BVerfG 65, S. 1 ff.
[128] Schimansky/Bunte/Lwowski/Bruchner, Bankrechtshandbuch, § 40 Rn 27.
[129] Canaris, Bankvertragsrecht, Rn 72a.
[130] Geurts/Koch/Schebesta/Weber, Bankgeheimnis und Bankauskunft in der Praxis, Rn 144 m.w.N.; Carl/Klos, Bankgeheimnis und Quellensteuer im Vergleich internationaler Finanzmärkte, S. 14 ff.
[131] Simitis, BDSG, § 3 Rn 12.

Juristische Personen, OHG und KG werden durch das BDSG nicht geschützt.[132] Geschützt sind Daten, die „in Dateien gespeichert, verändert, gelöscht oder aus Dateien übermittelt werden“[133], nicht aber die aus der Kreditakte stammenden Daten.[134] Die bankvertraglichen und die datenschutzrechtlichen Schranken der Bankauskunft sind weitgehend kongruent. Das Bankgeheimnis bestimmt sowohl den Umfang des Bankvertrages als auch die Schutzwürdigkeit der Kundeninteressen gegenüber dem Anliegen eines funktionierenden und zuverlässigen Auskunftsverfahrens.[135]

### cccc) Abgrenzung des BDSG zum Schufa-Verfahren

Das Schufa-Verfahren basiert auf der Befreiung vom Bankgeheimnis. In den Kontoeröffnungs- bzw. Kreditanträgen der Privatkunden ist eine ausdrückliche Einwilligung, die sog. Schufa-Klausel[136], enthalten. Diese bestimmt, dass genau definierte Daten unter bestimmten Voraussetzungen an die Schufa gemeldet und von dort an bestimmte Vertragspartner der Schufa weitergegeben werden dürfen[137]. Die Datenübermittlung an die Schufa erfolgt aufgrund der Einwilligung des Kunden gem. § 4 i.V.m. § 28 Abs. 1 BDSG.[138]

### dddd) Abgrenzung der Schufa-Meldung von der Bankauskunft

Schufa-Meldungen sind Bankauskünfte besonderer Art. Bankauskunftsverfahren werden durch einzelne Anfragen von anderen Kreditinstituten oder Kunden der Auskunft erteilenden Bank ausgelöst.[139] Im Unterschied zur Bankauskunft enthält die Schufa-Meldung nur ganz bestimmte, in einem Katalog vorgesehene Merkmale, die für die Beurteilung der Kreditfähigkeit von Konsumenten be-

---

132 Canaris, Bankvertragsrecht, Rn 73.
133 vgl. § 1 Abs. 1 Satz 1 BDSG.
134 Kohls, Bankrecht, Rn 63.
135 Giovannopoulos, Die Harmonisierung des privatrechtlichen Bankgeheimnisses im europäischen Wirtschaftsverkehr, S. 137.
136 Abgedruckt in: ZIP 1986, S. 469.
137 Kümpel, Bank- und Kapitalmarktrecht, Rn 2.157; Kamlah, MMR 1999, S. 395, 404; http://www.datenschutzzentrum.de/faq/schufa.htm#1, Stand: 14.04.2003.
138 Fischer/Klanten, Bankrecht – Grundlagen der Rechtspraxis, Rn 4.99.
139 Kümpel, Bank- und Kapitalmarktrecht, Rn 2.213.

deutsam sind.[140] Schufa-Verfahren betreffen ausschließlich Konsumentenkredite, während Bankauskunftsverfahren im Bereich der gewerblichen Kundschaft liegen.[141]

### d) Rechtsfolgen bei Verletzung des Bankgeheimnisses

Ein Kreditinstitut, das zur Wahrung des Bankgeheimnisses vertraglich verpflichtet ist, haftet bei schuldhafter Verletzung aus Schadenersatz wegen positiver Vertragsverletzung oder wegen unerlaubter Handlung gem. § 823 ff. BGB. Der Bruch der Verschwiegenheitspflicht tangiert nicht nur das allgemeine Persönlichkeitsrecht des Betroffenen, sondern stellt einen Eingriff in den, in seiner Gesamtheit, eingerichteten und ausgeübten Gewerbebetrieb dar. Eine Haftung nach § 823 Abs. 2 BGB i.V.m. §§ 28 und 41 BDSG wegen Verletzung des Datenschutzgesetzes könnte vorliegen, wobei ein Anspruch auf Schmerzensgeld wegen Verletzung des Persönlichkeitsrechts nicht in Betracht kommt. Das Kreditinstitut, i.S. eines ordentlichen Kaufmanns (§ 347 HGB), haftet für das Verhalten seiner Angestellten nach § 278 und § 831 BGB sowie seiner Organe[142] nach den §§ 30 und 89 BGB. Der Haftungsmaßstab ist das zu ersetzende negative Interesse nach § 249 BGB. Der Betroffene ist so zu stellen, wie er stehen würde, wenn die Verletzung der Verschwiegenheitspflicht nicht eingetreten wäre.
Ein Anspruch auf Unterlassung, im Zuge einer vorbeugenden Unterlassungsklage oder Erwirkung einer einstweiligen Verfügung gem. § 935 ZPO, steht dem Kunden zu, wenn der Verdacht besteht, dass das Kreditinstitut oder einer seiner Mitarbeiter die Verschwiegenheitspflicht verletzen wird. Ist zu befürchten, dass ein noch tätiger oder bereits ausgeschiedener Angestellter seine Schweigepflicht verletzt, so steht der Bank ein entsprechender Unterlassungsanspruch zu.[143]

**Fallbeispiel**: Breuer-Kirch-Affäre
Am 03.02.2003 gab der ehemalige Vorstandssprecher Rolf E. Breuer in New York während des gerade stattfindenden Weltwirtschaftsforums Bloomberg TV,

---

[140] Geurts/Koch/Schebesta/Weber, Bankgeheimnis und Bankauskunft in der Praxis, Rn 132.
[141] Schimansky/Bunte/Lwowski/Bruchner, Bankrechtshandbuch, § 41 Rn 2.
[142] vgl. Palandt/Heinrichs, BGB, § 89 Rn 1.
[143] Schimansky/Bunte/Lwowski/Bruchner, Bankrechtshandbuch, § 39 Rn 116 ff.

einem weltweit agierendem Fernsehsender, ein fünfminütiges Interview. Dieses wurde am 04.02.2003 um 12.38 Uhr MEZ im Bloomberg TV Deutschland ausgestrahlt. Im ersten Teil des Interviews ging es um allgemeine wirtschaftliche Aussichten. Der zweite Teil beschäftigte sich mit der aktuellen geschäftlichen Entwicklung bei der Deutschen Bank. Auf die Frage, ob man Kirch[144] hilft, weiter zu machen, antwortete Breuer wie folgt: „Das halte ich für relativ fraglich. Was alles man darüber lesen und hören kann, ist ja, dass der Finanzsektor nicht bereit ist, auf unveränderter Basis noch weitere Fremd- oder gar Eigenmittel zur Verfügung zu stellen."[145]
Daraufhin stellte Kirch einen Antrag, nach dem die Deutsche Bank als Gesamtschuldner gegenüber Kirch verpflichtet werde, sämtliche Schäden zu ersetzen, die ihm aus den Äußerungen des Vorstandsprechers der Deutschen Bank, Rolf E. Breuer, entstanden sind und zukünftig entstehen werden. Die Beklagten beantragten, die Klage abzuweisen, mit der Begründung, die Klage sei mangels Feststellungsinteresse unzulässig, da der Kläger nicht im Stande sei, den angeblich bereits entstandenen Schaden darzulegen oder die Wahrscheinlichkeit eines später eintretenden Schadens wenigstens zu behaupten.

Die Klage war gem. § 256 ZPO zulässig, da ein besonderes Feststellungsinteresse zu bejahen war. Das Klagebegehren ist begründet und hat seine Rechtsgrundlage in einer Verletzung vertraglicher Pflichten (positive Vertragsverletzung) aus dem Kreditvertrag i.V.m. §§ 31, 398 BGB. In Bezug auf Breuer ist die Anspruchsgrundlage § 823 Abs. 1 BGB.[146]
Das Landgericht München entschied, dass das Finanzinstitut und Breuer Schadensersatz zu zahlen hätten. Beide müssten sämtliche Schäden ersetzen, die aus den Äußerungen Breuers in dem Fernsehinterview entstanden seien. Das Urteil wurde vom vorsitzenden Richter damit begründet, dass es sich bei den Erklä-

---

[144] Leo Kirch war Gründer und Namensgeber der im nationalen und internationalen Mediengeschäft tätigen Kirch-Gruppe, die in der zweiten Hälfte der 90er Jahre durch Zukäufe und Beteiligungen eine enorme Komplexität erreichte. Unter dem Dach der TaurusHolding GmbH & Co. KG, deren Komplementär die Kirch VermögensVerwaltungs GmbH war, wurde das Geschäft in drei Obergesellschaften organisiert: KirchMedia GmbH & Co. KGaA, Kirch-PayTV GmbH & Co. KGaA und KirchBeteiligungs GmbH & Co. KG.
[145] LG München I, Urteil vom 18. Februar 2003, WM 2003, S. 725, 728; BKR 2003, S. 244, 245.
[146] Bub, NJW 2003, S. 1046, 1048.

rungen um Tatsachenäußerungen gehandelt habe, die gegen das Bankgeheimnis verstoßen hätten. „Als Vorstandschef der Deutschen Bank, bei der Kirch mit über 700 Millionen Euro in der Kreide gestanden habe, habe er vertragswidrig kundenbezogene Tatsachen preisgegeben.“ Als ehemaliger Präsident des deutschen Bankenverbandes habe er gegen die Verschwiegenheitspflicht der Banken verstoßen. Durch seine öffentlich geäußerten Zweifel an der Kreditwürdigkeit der Kirch-Gruppe trieb Breuer Kirch in die Insolvenz. Kirch-Media stellte im April 2002 Insolvenzantrag.[147]

## 2. Das steuerliche Bankgeheimnis

### a) Bankenerlass

Um die primären wirtschaftspolitischen Ziele, die Sparbereitschaft der Bevölkerung, die Sicherung des deutschen Bankenplatzes und die Vermeidung von Kapitalflucht, nicht zu beeinträchtigen, wurde im sog. Bankenerlass[148] (von 1949[149] in der geänderten Fassung von 1979[150]) die Selbstverpflichtung der Finanzverwaltung festgelegt, so dass es im Bankenbereich keine umfassende Steuerkontrolle geben soll.[151]

### b) § 30 a AO

Im Rahmen des Steuerreformgesetzes 1990 wurde am 03.08.1988 der § 30 a AO normiert und in die Abgabenordnung mit aufgenommen[152] und der bis dahin geltende Bankenerlass abgelöst.[153] Die Bezeichnung „steuerliches Bankgeheimnis“

---

147 http://www.faz.net/s/Rub3C0B5C86BD3E4C2F8DE593FFA3707EEE/Doc~E8112BE6A7DA84C2EBA09177D79D7978C~ATpl~Ecommon~Scontent.html, Stand: 08.07.2003.

148 Bank-Enzyklopädie/Wehrhan, Bankrecht, S. 500.

149 sog. „Bankenerlass“ vom 02.08.1949, DStZ B 1949, S. 242.

150 hierbei geht es um das „Schreiben“ des BMF vom 31.08.1979, BStBl. I 1979, S. 590; Vergleich alter - neuer Bankenerlass Bilsdorfer, DStR 1984, S. 498, 507; Söhn, NJW 1980, S. 1430, 1435.

151 Flore/Dörn/Gillmeister, Steuerfahndung und Steuerstrafverfahren, S. 160; Tipke/Lang, Steuerrecht, § 21 Rn 198.

152 BGBl. I 1988, S. 1093.

153 Bilsdorfer, DStZ 1989, S. 287, 296.

ist irreführend und normiert kein Bankgeheimnis[154], obwohl es von offizieller Seite[155] als „Bankgeheimnis" tituliert wird.[156] Unter der Prämisse der Verfassungsmäßigkeit[157] konkretisiert § 30 a AO Bedingungen, unter denen Ermittlungsmaßnahmen bei Kreditinstituten zulässig sind.[158]

### aa) § 30 a Abs. 1 AO, Schutz des Vertrauensverhältnisses Kreditinstitut – Kunde

Nach § 30 a Abs. 1 AO haben die Finanzbehörden bei der Ermittlung des Sachverhaltes (§ 88 AO) „auf das Vertrauensverhältnis zwischen Kreditinstuten und deren Kunden besondere Rücksicht zu nehmen".[159] Allerdings wird damit nicht zum Ausdruck gebracht, dass die Finanzbehörden im Bereich der Sachverhaltsermittlung bei den Kreditinstituten in irgendeiner Weise eingeschränkt seien[160], wenn sie hinreichende Anhaltspunkte für die Unvollständigkeit der Steuererklärung haben (Art. 3 Abs.1 GG i.V.m. §§ 30 a Abs. 5, 93 Abs. 1 Satz 3, §§ 88 Abs. 1, 85 AO).[161] Im Regelfall ist davon auszugehen, dass die Angaben des Steuerpflichtigen in der Steuererklärung vollständig und richtig sind.[162] Die bloße Vermutung stellt keinen begründeten Anhaltspunkt einer Einkünfteverkürzung dar.[163] Weitere Ermittlungen des Finanzamtes sind nur dann einzusetzen, wenn im konkreten Einzelfall greifbare Anhaltspunkte für die Unrichtigkeit der Steuererklärung vorliegen.

---

[154] Herrler, Betriebliche Steuern, S. 66; Hamacher, WM 1997, S. 2149, 2156.
[155] vgl. BMF-Pressemitteilung 68/92 vom 07.07.1992.
[156] Miebach, Das Bankgeheimnis – Verfassungsrecht und § 30a AO, S. 35.
[157] Eilers, Das Steuergeheimnis als Grenze des internationalen Auskunftsverkehrs, S. 3 m.w.N.; dem Steuergeheimnis komme eine „grundgesetzähnliche Bedeutung" zu, so Ruegenberg, Das nationale und internationale Steuergeheimnis im Schnittpunkt von Besteuerungs- und Strafverfahren, S. 12; Eine verfassungswidrigkeit des § 30a AO liegt vor, jedoch versuchte der 8. Senat des BFH, die Vorschrift durch eine verfassungskon-forme Interpretation (BFH BStBl. II 1997, S. 499) zu retten, so Eckhoff, Rechtsanwendungsgleichheit im Steuerrecht, S. 354; so auch Vogt/Kramer, WM 1997, S. 2156.
[158] Dahm/Hamacher, Auskunftsbegehren der Finanzbehörden, S. 73.
[159] Schimansky/Bunte/Lwowski/Bruchner, Bankrechtshandbuch, § 39 Rn 70.
[160] Flore/Dörn/Gillmeister, Steuerfahndung und Steuerstrafverfahren, S. 161.
[161] Christopoulou, Das Bankgeheimnis im Wirtschaftsverkehr, S. 60.
[162] Hübschmann/Hepp/Spitaler/Hellwig, § 30 a AO, Rn 14.
[163] Schimansky/Bunte/Lwowski/Bruchner, Bankrechtshandbuch, § 39 Rn 70.

**bb) § 30 a Abs. 2 AO,**
**Keine allgemeine Kontenüberwachung bei Kreditinstituten**

Der Vorschrift folgend, ist es den Finanzbehörden nicht erlaubt, einmalige oder periodische Mitteilungen von Konten bestimmter Art oder bestimmter Höhe zum Zwecke der allgemeinen Überwachung zu verlangen. Eine Aufstellung sämtlicher Zinsgutschriften der Bank bleibt der Steuerfahndung verwehrt. Dem Wortlaut folgend, will § 30 a Abs. 2 AO „allgemeine Überwachungsmaßnahmen erhindern".[164] Insoweit beschreibt Abs. 2 die Besonderheit der Situation bei Kreditinstituten, dass es nicht zulässig ist, im Zuge von Sammelauskunftsersuchen[165] Kontenstände oder Erträge zu erfragen. Ermittlungsmaßnahmen sind also nur dann möglich, wenn sich konkrete Anhaltspunkte konstituieren.[166] Auskunftsverlangen im Rahmen von Rasterfahndungen sind nach dem Verhältnismäßigkeitsgrundsatz nicht zuzulassen.[167] Neben Ermittlungen „ins Blaue hinein"[168] sind Ermittlungen aufgrund allgemeiner Erfahrungen der Finanzbehörden gegenüber Banken und Bankkunden verboten.[169] In der Konsequenz bedeutet dies, dass das Finanzamt uneingeschränkt berechtigt ist, Auskunft vom Kreditinstitut über nicht geklärte Guthabenzinsen eines Steuerpflichtigen zu verlangen[170], somit bei sog. Einzelauskunftsersuchen.[171]
Darüber hinaus dürfen Zufallserkenntnisse über Steuerverkürzungen durch Bankkunden mittels Ausschreibung von Kontrollmitteilungen verwertet werden.[172]

---

[164] Flore/Dörn/Gillmeister, Steuerfahndung und Steuerstrafverfahren, S. 161.
[165] Der BFH versteht unter Sammelauskunftsersuchen „Auskunftsersuchen, die sich auf eine Vielzahl von Einzelfällen beziehen", BFH, Urteil vom 24.10.1989, VII R 1/87, BStBl. 1990, 198; vgl. FG Münster, wistra 2000, S. 196 ff.; vgl. BFH, Sammelauskunftsersuchen, wistra 2002, S. 308 ff.
[166] Dahm/Hamacher, Auskunftsbegehren der Finanzbehörden, S. 78.
[167] Klein/Rüsken, AO, § 30a Rn 14.
[168] Bei „Ermittlungen ins Blaue hinein" versteht man das Anlegen bestimmter Merkmalsraster, um gleichartige Personen oder Gegenstände aus einer großen Gruppe herauszufiltern, bis eine Verdichtung zu einem konkreten Verdacht eingetreten ist, Hamacher, StVj 1992, S. 110, 117; BFH, BStBl. I 1991, S. 277, 278.
[169] Neuwald, Das steuerliche Bankgeheimnis, S. 50.
[170] Flore/Dörn/Gillmeister, Steuerfahndung und Steuerstrafverfahren, S. 162.
[171] Klos, StBp 1992, S. 54.
[172] BMF vom 23.03.1993, BStBl. I 1993, S. 330.

### aaa) Sonderfall des § 33 ErbStG

Eine Ausnahme besteht in Erbschaftsfällen gem. § 33 ErbStG.[173] Geschäftsmäßige Vermögensverwahrer und –verwalter, d.h. das Kreditinstitut als Rechtsperson, sind dem Finanzamt gegenüber verpflichtet, Vermögen, das sie beim Tod des Eigentümers in Gewahrsam haben, anzuzeigen.[174] Insoweit erlischt das Bankgeheimnis mit dem Tod des Erblassers.[175] Die Vorschrift begründet nur eine Mitteilungspflicht gegenüber dem Finanzamt.[176] Eine gesetzliche Pflicht, die Erben des Verstorbenen Kunden ihrerseits von der Anzeige gegenüber dem Finanzamt zu unterrichten, besteht nicht. Um Abstimmungsprobleme bezüglich Differenzen zwischen erklärtem und tatsächlichem Vermögen zu vermeiden, sind die Banken gehalten, die Erben auf die Anzeige aufmerksam zu machen.[177] § 33 ErbStG wird als Spezialvorschrift durch § 30 a AO nicht eingeschränkt.[178]

### bbb) Sonderfall des § 45 d EStG

Zur Prüfung der rechtmäßigen Inanspruchnahme des Sparer-Freibetrages und des Pauschbetrages für Werbungskosten, gem. § 42 d Abs. 2 EstG, schuf der Gesetzgeber zur Missbrauchsvorbeugung beim Freistellungsauftrag eine Kontrollmöglichkeit, gem. § 44 a Abs. 2 Satz 1 EStG, wonach Kreditinstitute nach § 45 d Abs. 1 Satz 1 EStG dem BMF die für die Abstandnahme vom Steuerabzug maßgebenden Daten[179] der Freistellungsaufträge auf Verlangen mitteilen müssen.[180] Dabei wird das „beantragte Freistellungsvolumen", nicht jedoch der tatsächliche Kapitalertrag, mitgeteilt.[181] Gegen ein Einzelauskunftsersuchen ist auch nach § 30 a Abs. 2 AO nichts einzuwenden.[182]

---

173 Dahm/Hamacher, Auskunftsbegehren der Finanzbehörden, S. 78.
174 Neuwald, Das steuerliche Bankgeheimnis, S. 52; Kien-Hümbert, DStR 1987, S. 792, 795.
175 Wahl, Handbuch der privaten Kapitalanlage, S. 316.
176 Geurts/Koch/Schebesta/Weber, Bankgeheimnis und Bankauskunft in der Praxis, Rn 47b f.
177 Bilsdorfer, Die Informationsquellen und –wege der Finanzverwaltung, S. 85.
178 Felix, BB 1988, S. 2012.
179 Weyand, Was weiß das Finanzamt vom Steuerzahler, S. 88.
180 Bilsdorfer, Die Informationsquellen und –wege der Finanzverwaltung, S. 141; Neuwald, Das steuerliche Bankgeheimnis, S. 53.
181 Neuwald, Das steuerliche Bankgeheimnis, S. 53.
182 Geurts/Koch/Schebesta/Weber, Bankgeheimnis und Bankauskunft in der Praxis, Rn 46 ff.

### cc) § 30 a Abs. 3 AO, Umfang der Außenprüfung bei Banken im Hinblick auf Informationen, Bankkunden betreffend

Dem Bankenprüfer ist es untersagt, gem. § 30 a Abs. 3 AO, von korrekt eingerichteten Konten[183], bei denen eine Legitimationsprüfung[184] gem. § 154 Abs. 2 AO stattgefunden hat, Kontrollmitteilungen zu fertigen. Hat keine Legitimationsprüfung stattgefunden, so dürfen gem. § 194 Abs. 3 AO Kontrollmitteilungen gefertigt werden. Eigenkonten der Bank, Sachkonten[185] und CpD-Konten[186] werden von der Vorschrift nicht erfasst und können überprüft werden.[187] Der § 30 a Abs. 3 AO bzw. das Verbot der Kontroll-mitteilungen seitens der Finanzverwaltung findet nur Anwendung, wenn die Kreditinstitute ihre Identifizierungspflicht gem. § 154 Abs. 2 AO[188] bezüglich der Konten und Depots, die sie verwahren, schon vorher bei ihrer Einrichtung erfüllt haben.[189]

#### aaa) Begriff der Kontrollmitteilung

Kontrollmitteilung ist kein gesetzlicher Begriff, sondern stellt einen Sammelbegriff für Mitteilungen und Anzeigen anderer Behörden und sonstiger Stellen an die Finanzbehörden über steuerlich erhebliche Sachverhalte dar. Kontrollmitteilungen sind Zufallsfunde, und eine gezielte Suche wäre mit dem ursprünglichen Sinn des Begriffes nicht vereinbar.[190] Sie dienen neben dem prä-

---

[183] hierunter fallen Konten, die zu Zinsen führen (z.B. Sparkonten, Festgeldkonten) und Depots (z.B. Sammel-, Einzeldepots).

[184] OFD Nürnberg vom 01.12.1989, DStR 1990, S. 316; Erlasse der obersten Finanzbehörde der Länder vom 02.07.1990, BStBl. I 1990, S. 303.

[185] hierzu verhandelter Fall, bei dem Kapitaltransfer mittels Sachkonten erfolgte, BGH, RIW 2001, S. 136 ff.

[186] CpD-Konten sind bankinterne Sammelkonten, welche verschiedensten Zwecken dienen, bspw. Eingänge zu verbuchen, Schimansky/Bunte/Lwowski/Schimansky, Bankrechtshandbuch, § 49 Rn 40a; vgl. zum Kontenbegriff, insb. zur Behandlung von Zwischenkonten, Hamacher, DB 1996, S. 2460 und ders., DB 1999, S. 1824; Streck/Peschges, DStR 1997, S. 1993, 1998.

[187] Flore/Dörn/Gillmeister, Steuerfahndung und Steuerstrafverfahren, S. 162.

[188] Hamacher, DB 1999, S. 1824.

[189] Christopoulou, Das Bankgeheimnis im Wirtschaftsverkehr, S. 68.

[190] Hamacher, DB 1996, S. 2460, 2465.

ventiven Zweck, die Steuermoral zu heben, ebenso der sachverhaltsbezogenen Steuerüberwachung, um eine gesetzmäßige und gleichmäßige Besteuerung zu gewährleisten. Sie sind ein Hilfsinstrument zu § 85 AO.[191] In der Praxis werden Kontrollmitteilungen ausgeschrieben und ausgewertet, um sicherzustellen, dass Aufwendungen zum einen Steuer mindernd geltend gemacht, zum anderen als Steuer erhöhend erfasst werden.[192]

### bbb) Fallgruppen der Kontrollmitteilung

Kontrollmitteilungen lassen sich in zwei Fallgruppen einteilen. Dabei geht es um solche, die denselben Steuerpflichtigen betreffen (sog. Steuereigenkontrolle) und um jene, die einen anderen Steuerpflichtigen betreffen (sog. Steuerfremdkontrolle).

Zur Steuereigenkontrolle gehört die Anordnung einer förmlichen Außenprüfung gem. §§ 193 ff. AO[193], Steuerfahndungsprüfung gem. § 208 Abs. 1 Satz Nr. 1 – 3 AO[194], die Beweiserhebung gem. § 92 AO, der Informationsaustausch verschiedener Dienststellen der Finanzverwaltung gem. § 111 AO[195] sowie die zwischenstaatliche Rechts- und Amtshilfe in Steuersachen gem. § 117 AO[196].

Zur Gruppe der Steuerfremdkontrolle gehört gem. § 194 Abs. 3 AO die Möglichkeit, anlässlich einer Außenprüfung festgestellte Verhältnisse anderer als der geprüften Person in bestimmten Fällen auszuwerten.[197]

### ccc) Kontrollmitteilungen bei Außenprüfungen als Eingriff in Rechte des Bankkunden und des Kreditinstituts

Hoheitliche Auskunftsinteressen, unter die auch die Kontrollmitteilung fällt, greifen in das Allgemeine Persönlichkeitsrecht nach Art. 2 Abs. 1 GG i.V.m.

[191] Neuwald, Das steuerliche Bankgeheimnis, S. 55.
[192] Kottke, DB 1982, S. 2488, 2491.
[193] Klein/Rüsken, AO, § 193 Rn 1 ff.; Schult, Betriebswirtschaftliche Steuerlehre, S. 208; Schneider, Grundzüge der Unternehmensbesteuerung, S. 95; App, BuW 2003, S. 232, 235.
[194] Klein/Rüsken, AO, § 208 Rn 1 ff.
[195] Klein/Rüsken, AO, § 111 Rn 1 ff.
[196] Klein/Rüsken, AO, § 117 Rn 1 ff.
[197] Neuwald, Das steuerliche Bankgeheimnis, S. 56 f.

Art. 1 Abs. 1 GG ein und bedürfen somit einer gesetzlichen Grundlage.[198] Kontrollmitteilungen stellen keinen Verwaltungsakt im Sinne von § 118 Abs. 1 AO dar, da die Voraussetzung einer unmittelbaren Rechtswirkung nach außen fehlt.[199] Demnach sind Kontrollmitteilungen Realakte mit regelungsvorbereitendem Charakter.[200] Durch die Ausschreibung von Kontrollmitteilungen liegt ein Eingriff in die Rechte des geprüften Kreditinstitutes vor, der in der Beeinträchtigung der Vertrauensbeziehung zwischen Kreditinstitut und Kunden zu sehen ist. Hinsichtlich der Geschäftsbeziehung zum Kunden liegt in der Geheimhaltung die Grundlage jeglicher bank-geschäftlichen Betätigung. Durch die Ausschreibung von Kontrollmitteilungen wird in das durch Art. 14 Abs. 1 GG geschützte Recht am eingerichteten und ausgeübten Gewerbebetrieb eingegriffen.[201] Die Rechtsgrundlage für die Erstellung von Kontroll-mitteilungen wird demnach in § 30 Abs. 4 Nr. 1 i.V.m. Abs. 2 Nr. 1 Buchst. a AO gesehen.[202] Infolgedessen bildet § 194 Abs. 3 i.V.m. § 30 a AO die erforderliche Rechtsgrundlage jeder Person, selbst über die Preisgabe und Verwendung persönlicher Daten zu bestimmen.[203]

#### dd) § 30 a Abs. 4 AO, Verzicht auf die Mitteilung von Kontonummern

Soweit nicht Steuer mindernde Ausgaben oder Vergünstigungen geltend gemacht werden oder die Abwicklung des Zahlungsverkehrs mit dem Finanzamt es bedingt, wird gem. § 30 a Abs. 4 AO keine Angabe der Nummern von Konten und Depots, die der Steuerpflichtige bei Kreditinstituten unterhält, in Vordrucken für Steuererklärungen verlangt.[204] Die Nummern von Konten und Depots sind für die Besteuerung unerheblich, da aus ihnen nicht die Höhe der Zins-

---

198 Neuwald, Das steuerliche Bankgeheimnis, S. 58.
199 Klein/Brockmeyer, AO, § 118 Rn 9.
200 Dahm/Hamacher, Auskunftsbegehren der Finanzbehörden, S. 47.
201 Neuwald, Das steuerliche Bankgeheimnis, S. 58.
202 Hübschmann/Hepp/Spitaler/Hellwig, § 30 AO, Rn 55; entgegen Neuwald, Das steuerliche Bankgeheimnis, S. 59, der darin keine Rechtsgrundlage für Kontrollmitteillungen im Sinne eines Erlaubnistatbestandes, sondern nur einen Zulassungstatbestand mit Hinblick auf das Steuergeheimnis sieht.
203 Lorscheider, Die Ermittlungsbefugnisse der Finanzbehörden im Kapitalertragssteuerverfahren des Bankkunden, S. 5; vgl. BFH, Kontrollmitteilungen, wistra 2002, S. 71 ff.
204 Flore/Dörn/Gillmeister, Steuerfahndung und Steuerstrafverfahren, S. 163.

einkünfte bzw. nichts über die Besteuerung des privaten Kapitalvermögens hervorgeht.[205] § 30 a Abs. 4 AO hat rein deklaratorische Bedeutung[206] und verhindert in verfassungskonformer Weise, im Sinne des Rechts auf informationelle Selbstbestimmung, die unzulässige Datensammlung auf Vorrat.[207]

### ee) § 30a Abs. 5 AO, Auskunftsersuchen an Kreditinstitute

Gemäß § 30 a Abs. 5 S. 1 AO gilt für Auskunftsersuchen an Kreditinstitute die Vorschrift des § 93 AO[208] und im Vorfeldermittlungsverfahren § 208 AO.[209] Das bedeutet, dass Auskunftspflichten der Kreditinstitute erst dann bestehen sollen, wenn die Sachverhaltsaufklärung durch die Beteiligten nicht zum Ziel führt oder keinen Erfolg verspricht.[210] Eine pauschale Behauptung der vergeblichen Bemühungen seitens des Finanzamtes ist nicht genügend, gleichwohl die Anforderungen an eine begründete Darlegung aus Sicht der Rechtssprechung nicht hoch bemessen ist.[211] Bei Ermittlungen der Steuerfahndung gelten die Einschränkungen des § 93 Abs. 1 S. 3 AO nicht, wenn diese nach § 208 AO bei der Erforschung von Steuerstraftaten und Steuerordnungswidrigkeiten ermitteln.[212]

### ff) Rechtsfolgen bei Verletzung des § 30 a AO

§ 30 a AO dient dem Schutz der Bankkunden und nicht dem der Kreditinstitute.[213] Im Verhältnis Bank – Finanzbehörde können keine eigenen Rechte des Kreditinstituts bei einer Verletzung des § 30 a AO geltend gemacht werden.[214] Werden der Bank Unterlagen weggenommen, Aufzeichnungen gefertigt, an die Wohnsitzfinanzämter weiter gereicht und dort inhaltlich ausgewertet, so besteht

[205] Neuwald, Das steuerliche Bankgeheimnis, S. 96.
[206] Schimansky/Bunte/Lwowski/Bruchner, Bankrechtshandbuch, § 39 Rn 72.
[207] Dahm/Hamacher, Auskunftsbegehren der Finanzbehörden, S. 82 m.w.N.
[208] Flore/Dörn/Gillmeister, Steuerfahndung und Steuerstrafverfahren, S. 163.
[209] Dahm/Hamacher, Auskunftsbegehren der Finanzbehörden, S. 82 .
[210] Christopoulou, Das Bankgeheimnis im Wirtschaftsverkehr, S. 63.
[211] Brender, Straffrei nach Steuerflucht, S. 15.
[212] Flore/Dörn/Gillmeister, Steuerfahndung und Steuerstrafverfahren, S. 164; vgl. BFH, Anfangsverdacht, wistra 2002, S. 27 ff.
[213] Junker, DStR 1996, S. 224, 230.
[214] Dahm/Hamacher, Auskunftsbegehren der Finanzbehörden, S. 84 m.w.N.

die Möglichkeit, sich auf die Rechte aus Art. 14 Abs. 1 GG („geschäftliche Betätigungsfreiheit") zu berufen.[215] Der besondere Schutz des Vertrauensverhältnisses des Kreditinstituts zu dem betroffenen Kunden ist irreparabel gestört, so dass den Kreditinstituten dann eigene Rechte aus § 30 a Abs. 3 AO zustehen, deren Verletzung gerügt werden kann. Verstößt die Finanzverwaltung gegen § 30 a AO, so ordnet diese Vorschrift keine Rechtsfolgen an. Sind die Kenntnisse des Finanzamtes rechtswidrig, unter Verstoß der Aufklärungsverbote des § 30 a AO, erlangt worden, so liegt ein Verwertungsverbot vor. Dieses Verwertungsverbot ist nicht in der AO geregelt, sondern ist durch die Rechtssprechung in Anlehnung an § 136 a StPO entwickelt worden.[216]

## II. Stellungnahmen

Nachfolgend werden Stellungnahmen und Meinungen aufgelistet, die sowohl im Zusammenhang mit der Aufhebung des § 30 a AO als auch mit der Einführung eines Kontrollmitteilungssystems stehen. Ungeachtet der Pro und Contra Argumente erfolgt die Darstellung zunächst ohne weitere Wertung.

### 1. Parteien

- *SPD/Bündnis 90/Die Grünen*: „... bei der Erfassung der Einnahmen aus Kapitalvermögen sei ein Vollzugsdefizit festzustellen, dass durch Flächen deckende Kontrollmitteilungen geschlossen werden müsse. Mit dem automatisierten Verfahren erhielten die Finanzbehörden die Möglichkeit, die in den Steuererklärungen ausgewiesenen Einnahmen abzugleichen. Zum Verhältnis des Kontrollmitteilungsverfahrens und der ... Abgeltungssteuer, die ein Wahlrecht zur Einkommensteuerveranlagung zulasse, weiterhin das Erfordernis bestehe, die in der Steuererklärung geleisteten Angaben zu überprüfen."[217] „Nach der Abgabenordnung sei der Bürger verpflichtet, an der Besteuerung mitzuwirken. Das Recht auf informationelle Selbstbestimmung könne hier nicht greifen." Die Fraktion verwies auf ein

[215] Klein/Rüsken, AO, § 30a Rn 31.
[216] Christopoulou, Das Bankgeheimnis im Wirtschaftsverkehr, S. 73; vgl. FG Schleswig-Holstein, wistra 2001, S. 190 ff.
[217] Bericht des Finanzausschusses, BT-Drucksache 15/481, S. 17.

bestehendes Spannungsverhältnis zwischen „der Gleichmäßigkeit der Besteuerung und der informationellen Selbstbestimmung“, wonach Kontrollmitteilungen über Kapitalbeträge weniger bedenklich seien, als Daten auf der Lohnsteuerkarte.[218] „... bei der Konzeptionierung des Kontrollmitteilungsverfahrens sei erwogen worden, eine virtuelle Kontenevidenzzentrale einzurichten.“[219]

- *CDU/CSU*: „Die SPD sei dabei, das Grundrecht der informationellen Selbstbestimmung mit Hilfe der Mitwirkungspflicht in der Abgabenordnung auszuhebeln. Das Problem liege darin, dass die Steuerdaten mit den Sozialkassen in Verbindung gebracht würden, um die Vermögensverhältnisse von Leistungsempfängern zu überprüfen.“[220] „... die Einführung eines umfassenden Kontrollmitteilungsverfahrens bei gleichzeitiger Aufhebung des Bankgeheimnisses schade dem Finanzplatz Deutschland ...“, da „... rechtlich nicht geboten wie auch nicht handhabbar sei. Die Einführung des Kontrollmitteilungsverfahrens sei rein fiskalisch begründet, berücksichtige nicht die Bedürfnisse des Finanzsystems und werde die Kapitalbildung, Investitionsneigung und das Wirtschaftswachstum in Deutschland hemmen. Kontrollmitteilungen seien aus verfassungsrechtlichen Gründen nicht geboten“ und „... von den Finanzbehörden sei das aufkommende Kontroll-material nicht zu bewältigen.“ „... die Aufwendungen für die Erfassung der Besteuerungsgrundlagen ständen nicht in einem angemessenen Verhältnis zum angestrebten Steueraufkommen.“[221] „Ein geplantes Kontrollmitteilungssystem für die Erfassung von Erträgen aus Wertpapieren und Gewinnen aus Wertpapierveräußerungen wird bei über 300 Millionen Konten und 16 verschiedenen Datenverarbeitungssystemen von der Finanzverwaltung nicht zu bewältigen sein.“[222]

- *FDP*: „... die Abschaffung des Bankgeheimnisses und die Einführung flächendeckender Kontrollmitteilungen ... seien nicht erforderlich. Das Ver-

[218] http://www.bundestag.de/aktuell/hib/2003_032/02.html, Stand: 08.05.2003.
[219] Bericht des Finanzausschusses, BT-Drucksache 15/481, S. 19.
[220] http://www.bundestag.de/aktuell/hib/2003_032/02.html, Stand: 08.05.2003.
[221] Bericht des Finanzausschusses, BT-Drucksache 15/481, S. 17.
[222] Entschließungsantrag, BT-Drucksache 15/485, S. 2.

trauensverhältnis würde zerstört und das Grundrecht auf informationelle Selbstbestimmung in unverhältnismäßiger Weise eingeschränkt."[223] Es geht nicht nur um die informationelle Selbstbestimmung, vielmehr „um weitere Eingriffsmöglichkeiten auf Grund der zentralen Bündelung von Daten".[224] „Flächendeckende Kontrollmitteilungen bedeuteten für Banken und Finanzverwaltung erhebliche kostenträchtige Verwaltungsmehraufwendungen und beeinträchtigen weiter den Ruf und die internationale Wettbewerbsfähigkeit des Finanzplatzes Deutschland. Die ... Rückführung von Fluchtkapital ... werde scheitern." Die Einführung einer Zinsabgeltungssteuer wäre sinnvoll. „Auf diese Weise werde das Steueraufkommen aus Kapitaleinkünften dauerhaft gesichert."[225]

## 2. Sachverständige

- Ondracek: „Nur wenn ... alle Bürgerinnen und Bürger ihre Steuerschuld richtig und vollständig bezahlen, wird die Steuer insgesamt akzeptiert. Die Frage von Kontrollmitteilungen ... ist keine böse Tat gegen Kapitalanleger, sondern das richtige Signal, dass der Fiskus ... auf die Richtigkeit der Angaben schauen wird, und ein richtiges Signal zur Erinnerung und Mahnung an die Steuerehrlichkeit. Wenn ... § 30a AO wegfallen würde, dann könnte der Steueranspruch wirksamer durchgesetzt werden und der Steuerflucht ins Ausland gegengesteuert werden. Das Verfassungsgebot der gleichmäßigen Besteuerung wäre erfüllt."[226]

- Däke: „Anstatt bei der nationalen Zinsbesteuerung die Kontrollbürokratie aufzublähen, sollte alles daran gesetzt werden, zu vernünftigen internationalen Lösungen zu kommen. Zusätzliche Kontrollmitteilungen bedeuten dagegen eine Aushöhlung des Bankgeheimnisses mit der Folge, dass das Vertrauensverhältnis zwischen Bürger und Kreditinstituten erschüttert werden würde." Ein „... wesentlicher Faktor, der bei der Diskussion über Kapitalflucht und Kontrollmitteilungen viel stärker im Vordergrund ste-

[223] Bericht des Finanzausschusses, BT-Drucksache 15/481, S. 18.
[224] http://www.bundestag.de/aktuell/hib/2003_032/02.html, Stand: 08.05.2003.
[225] Bericht des Finanzausschusses, BT-Drucksache 15/481, S. 18.
[226] Ondracek, Die Bank 2000, S. 7.

hen sollte, ist die zu hohe Steuerbelastung in Deutschland." Geringere Steuersätze würden sich positiv auf die Steuereinnahmen auswirken und einen Selbstfinanzierungseffekt auslösen.[227]

- Eekhoff: „Wir sollten im Steuerrecht danach gehen, dass wir Gewinne und Einkommen besteuern. Das ist das Grundprinzip. ... Die ... Vorschriften für Kontrollmitteilungen können entfallen, wenn die angekündigte Zinsabgeltungssteuer eingeführt wird, die konsequent auf alle Kapitalerträge angewandt werden sollte."[228]

- Rädler: „... die Notwendigkeit einer Verwaltungsvereinfachung" besteht. Die Einführung einer „Quellensteuer ist auch eine Maßnahme, die zur Repatriierung von Kapital aus dem Ausland beitragen kann."[229]

- Jarass: „Durch die Abgeltungssteuer wird sich das Zinssteueraufkommen nicht erhöhen, sondern vermindern. Die 30%-ige Zinsabschlagsteuer ... wird überwiegend nur von Personen bezahlt, die ihre Sparer-Freibeträge schon ausgeschöpft haben."[230]

- Kirchhoff: „Nur wenn fast keine Rückholsteuer erhoben wird, z.B. wie in Italien nur einmalig 2,5% des Kapitals, kommt die Kapitalverwaltung nach Deutschland zurück. ... die Abgeltungssteuer muss zwingend mit der Aufhebung des Bankgeheimnisses und kontinuierlichen Kontrollmitteilungen verbunden werden, ... wie in vielen EU-Ländern."[231]

- Hickel: „Gegenüber der bisher unkontrollierten Spekulationsbesteuerung auf der Basis des geltenden Einkommenssteuerrechts sollte die Verifikation durch Kontrollmitteilungen ... übertragen werden.[232]

---

[227] Däke, Die Bank 2000, S. 7.
[228] Öffentliche Anhörung - Wortprotokoll, BT-Drucksache 15/119, S. 698.
[229] Öffentliche Anhörung - Wortprotokoll, BT-Drucksache 15/119, S. 644, S. 662.
[230] Öffentliche Anhörung - Wortprotokoll, BT-Drucksache 15/119, S. 709.
[231] Öffentliche Anhörung - Wortprotokoll, BT-Drucksache 15/119, S. 709.
[232] Öffentliche Anhörung - Wortprotokoll, BT-Drucksache 15/119, S. 724.

- Schön: „... die Erfassung von Wertpapiergeschäften ist nur mit außerordentlich hohem Verwaltungsaufwand für die Finanzämter möglich. Das vorgesehene System der steuerlichen Erfassung von privaten Wertpapiergeschäften wird zwar eine begrenzte Effizienz besitzen, aber zugleich der Verwaltung erhebliche Mehrarbeit bescheren. ... die für Veräußerungsgeschäfte angestrebte Durchsetzung von Kontrollmitteilungen steht in einem deutlichen Gegensatz zu der inzwischen beabsichtigten Einführung einer anonymen Abgeltungssteuer für Zinsen. Die ... Kombination von Abgeltungssteuer mit Kontrollmitteilungen lässt sich weder in systematischer noch in praktischer Hinsicht rechtfertigen.“[233]

- Reiß: “Das Gesetzesvorhaben ist zu begrüßen ... – auch unter dem Protest der Lobby – die vom Gesetzgeber selbst aufgerichteten Ermittlungshindernisse wie in § 30 a AO endgültig“ zu beseitigen. „... bezüglich § 30 a AO ... soll offenbar das bisherige Halbdunkel aufrechterhalten werden. Dies verunsichert gleichermaßen die Steuerpflichtigen und die Steuerermittlungsbehörden.“[234]

### 3. Verbände

- *ver.di*: „Das Streichen von Spekulationsfristen führt dazu, dass die Besteuerungsgrundlage sozusagen erweitert wird.“ Es ist „auch zu begrüßen, dass Kontrollmitteilungen durchgeführt werden. ... jeder, der aus Wertpapierverkäufen Einkommen bezieht, muss sich eben auch der Besteuerung unterziehen.“ Sollte eine Abgeltungssteuer eingeführt werden, dann nicht national, sondern international. „Sie müsste einen relativ hohen Steuersatz von mindestens 30% bis 35% haben.“[235] „Sowohl die Aufhebung der Spekulationsfristen als auch die Einführung eines Kontrollverfahrens werden ... als ein Schritt in Richtung zu mehr Steuergerechtigkeit ausdrücklich begrüßt. Insbesondere Besserverdienende profitieren von dieser niedrigen Pauschalbesteuerung. Sie verstößt eklatant gegen das Prinzip

---

[233] Öffentliche Anhörung - Wortprotokoll, BT-Drucksache 15/119, S. 738.
[234] Stellungnahme, email vom 22.08.2003.
[235] Reuter, Öffentliche Anhörung - Wortprotokoll, BT-Drucksache 15/119, S. 98.

der Besteuerung nach dem Leistungsfähigkeitsprinzip – und damit gegen die Steuergerechtigkeit."[236]

- *Deutscher Gewerkschaftsbund*: „Insbesondere, dass in Zukunft die Gewinne bei Wertpapierveräußerungen ohne eine gesetzliche Befristung wahrgenommen werden sollen, halten wir für richtig und sachgerecht." Zum „Stichwort Kontrollmitteilungen: Wir versprechen uns auch hiervon eine deutliche Anhebung des Aufkommens der Steuer auf Zinseinkommen."[237] „Die fiskalischen Schäden, ... welche sowohl durch die Anlage im Inland als auch in ausländischen Steueroasen entstanden sind, belaufen sich nach Expertenschätzungen im zweistelligen Milliardenbereich. Die Einführung von Kontrollmitteilungen ... fügt sich insoweit inhaltlich und zeitbezogen voll in die europäischen Pläne zur Zinsbesteuerung ein." Dies führt zu „Steuergerechtigkeit gegenüber ehrlichen Steuerzahlern und ... zu Steuermehreinnahmen für den Fiskus ..."[238]

- *Bundesverband Freier Immobilien- und Wohnungsunternehmen*: „Die Anwendung des Halbeinkünftegrundsatzes auch auf Veräußerungserlöse halten wir im Wertpapierbereich für einen völlig verfehlten Ansatz. ...", da „... Wertpapiergewinne insbesondere ... von Privatanlegern ... die in ihren Wertschwankungen von inneren Unternehmenswerten in dem Sinne abhängig sind, dass dahinter erwirtschaftetes Kapital steht, das schon einmal zur Hälfte versteuert worden ist."[239]

- *Bundesverband Investment und Asset Management*: „Wir erhöhen die Bürokratie anstatt ... Vollzugskosten zu senken und das Steuersystem zu vereinfachen. Es soll die Besteuerung von Veräußerungsgewinnen zum Anlass genommen werden, in Deutschland Kontrollmitteilungen einzuführen, was enorm belastend für die Bürger ist und insbesondere für die

[236] Öffentliche Anhörung - Wortprotokoll, BT-Drucksache 15/119, S. 806 f.
[237] Tofaute, Öffentliche Anhörung - Wortprotokoll, BT-Drucksache 15/119, S. 99.
[238] Öffentliche Anhörung - Wortprotokoll, BT-Drucksache 15/119, S. 474.
[239] Haber, Öffentliche Anhörung - Wortprotokoll, BT-Drucksache 15/119, S. 91.

Finanzdienstleister, anstatt dieses zum Anlass zu nehmen, eine Abgeltungssteuer einzuführen ..."[240]
Jeder Investor bezieht zum Zeitpunkt seiner Investition die geltenden steuerlichen Bedingungen mit ein. „Wer als Staat hingeht und diese Bedingungen nachträglich ändert, zerstört Vertrauen."[241]

- *Zentraler Kreditausschuss*: ... Investitionen werden zukünftig überdacht und möglicherweise auch unterbleiben. „Die Aktienkultur muss gefördert werden und nicht durch neue Steuern belastet werden. In keinem Fall dürfen jetzt ... Kontrollmechanismen verabschiedet werden." Bei ernsthafter Überlegung, „eine Abgeltungssteuer auf Zinserträge einzuführen, dann müssen die Kontrollmechanismen unterbleiben."[242] „Durch ein Mehr an Kontrollen wird nicht ein Mehr an Steuerehrlichkeit erreicht. Zusätzliche Kontrollen bergen vielmehr die Gefahr weiterer Ausweichreaktionen in sich. Eine flächendeckende Verpflichtung zur Erteilung von Erträgnisaufstellungen würde annähernd 400 Mio. Kundenkonten und –depots erfassen. Vielfach würden die Aufstellungen Sachverhalte betreffen, die im Ergebnis nicht zur Besteuerung führen, da die Empfänger mit ihren Kapitalerträgen ... innerhalb der gesetzlichen Freibeträge ... liegen."[243]

- *Deutsches Aktieninstitut*: „Der Begriff Kontrollmitteilung lässt erahnen, was für ein bürokratischer Aufwand damit verbunden ist. Es wäre möglich, die bürokratischen Mehrbelastungen vollständig zu vermeiden, wenn man zu einer einheitlichen Abgeltungssteuer für Kapitalerträge käme. Wenn man diese Abgeltungssteuer macht, kommt man um das System der Kontrollmitteilungen vollkommen herum. Das ist gerade im Hinblick auf Bürokratieabbau, was in erster Linie eine Vermeidung des Aufbaus zusätzlicher Bürokratie sein sollte, absolut sinnvoll."[244] „... der erhebliche zusätzliche Verwaltungsaufwand beim BMF und den Kreditinstituten ... wäre vermeidbar, wenn die Pauschalsteuer unmittelbar beim Verkauf der

[240] Seip, Öffentliche Anhörung - Wortprotokoll, BT-Drucksache 15/119, S. 95.
[241] Seip, Öffentliche Anhörung - Wortprotokoll, BT-Drucksache 15/119, S. 95.
[242] Tischbein, Öffentliche Anhörung - Wortprotokoll, BT-Drucksache 15/119, S. 75.
[243] Öffentliche Anhörung - Wortprotokoll, BT-Drucksache 15/119, S. 872.
[244] Kachel, Öffentliche Anhörung - Wortprotokoll, BT-Drucksache 15/119, S. 104.

Wertpapiere vom Kreditinstitut direkt an das Finanzamt abgeführt und dem Anleger dies auf der Abrechnung bescheinigt würde." Als Vorteile wären die Verfahrensvereinfachung und der um mindestens ein Jahr früher stattfindende Steuerzufluss an den Fiskus zu nennen.[245]

- *Unternehmensgrün*: „Schon die Bearbeitung der Freistellungsaufträge ist ein Riesen-Act in den Banken. Wir haben bereits eine ganze Bugwelle an Meldeverfahren und an bürokratischem Aufwand. Es ist weder in den Banken momentan umsetzbar – es erfordert personelle und technische Aufwendungen – noch, glaube ich [Schlachter, Anm. d. Verf.], dass die Finanzverwaltung in der Lage ist, den ganzen Datenmüll zu verarbeiten."[246] Eine „pauschale Besteuerung von Veräußerungsgewinnen sollte in gleicher Weise auch auf Zinsen und Dividenden zu erweitern" sein. Diese Besteuerung sollte eine Abgeltungssteuer – mit einheitlichem Steuersatz – sein. ... Kontrollmitteilungen, die in sehr vielen Fällen ohnehin nicht zu einem steuerlichen Ergebnis führen würden, würden bei einer Abgeltungssteuer nur die steuerrelevanten Tatbestände erfassen. „Dem Fiskus würde unmittelbar Geld zufließen" ohne Zeitverzögerung. „Der Steuersatz für die Abgeltungssteuer sollte auf einheitlich 25 vom Hundert festgesetzt werden."[247]

- *Deutsche Steuer-Gewerkschaft*: Die Besteuerung der Kapitalerträge ist heutzutage so kompliziert geworden, aufgrund der Fülle der Produkte, dass sie kaum nachvollziehbar ist. Hinzu kommen die unterschiedlichen amtlichen Bescheinigungen der Banken. „Daher ist es sinnvoll, ein amtliches Muster vorzugeben. Wir können heute ohne diese Erträgnisaufstellung praktisch nicht besteuern. ... Ein Kontrollmitteilungsverfahren kann elektronisch zugesteuert werden ohne großen Arbeitsanfall. ... Will man ein effizientes Besteuerungsverfahren, dann wäre ein Kontrollmitteilungsverfahren, ... europaweit, die effizienteste Art. Bei den Spekulati-

[245] Öffentliche Anhörung - Wortprotokoll, BT-Drucksache 15/119, S. 527 f.
[246] Schlachter, Öffentliche Anhörung - Wortprotokoll, BT-Drucksache 15/119, S. 105.
[247] Öffentliche Anhörung - Wortprotokoll, BT-Drucksache 15/119, S. 779.

onsgewinnen brauchen wir es immer."[248] „Die Aufhebung des Bankgeheimnisses ist aus Steuergerechtigkeits- und steuersystematischen Gründen notwendig." § 30a AO „beraubt die Finanzverwaltung der Möglichkeit einer gleichmäßigen Durchsetzung der Steuerschuld bei Kapitaleinkünften und stellt damit ein echtes Vollzugshindernis dar. ... Die Finanzverwaltung hat die Pflicht, die Besteuerungsvorgaben in strikte Legalität umzusetzen, um so Belastungsgleichheit zu gewähren."[249]

- *Präsidium des Bundes der Steuerzahler*: „... mit der Überlegung, Kontrollmitteilungen einzuführen und § 30a AO zu streichen," wird „ein weiterer Schritt in Richtung Schnüffelstaat getan. Wie es jetzt aussieht, ... gibt uns die geplante Einführung der Abgeltungssteuer die realistische Chance, auf das Instrument zu verzichten und Steuergerechtigkeit herzustellen, ohne einen Schnüffelstaat zu bewerkstelligen."[250]

- *Bundessteuerberaterkammer und Verband Freier Berufe*: „Dieses Gesetz[251] soll seinem Ziel nach der Steuervereinfachung dienen. Es ist aber in Wirklichkeit ein Gesetz mit einer hohen Komplizierung und einem hohen Maß an Bürokratie, die sich schon bei den beabsichtigten Kontrollmitteilungen darstellt. Durch bestimmte Maßnahmen werden wir einen massiven Liquiditätsentzug haben ... und das Thema Vertrauen, das hier zerstört wird."[252]

- *Institut Finanzen und Steuern*: Ein weiterer Punkt ist der psychologische Moment. „Wird hier Vertrauen zerstört?" Wenn der Steuerpflichtige in der Vergangenheit Dispositionen getroffen hat, die durch spätere Änderung der Steuergesetze irrelevant werden, dann ist das nach der Rechtsprechung keine verbotene Rückwirkung. „Aber es unterliegt ... keinem Zweifel, dass damit das Vertrauen des Steuerpflichtigen in den Staat enttäuscht ist." Die Akzeptanz des Staates wird dadurch deutlich herabge-

[248] Ondracek, Öffentliche Anhörung - Wortprotokoll, BT-Drucksache 15/119, S. 111.
[249] Öffentliche Anhörung - Wortprotokoll, BT-Drucksache 15/119, S. 440 f.
[250] Bilaniuk, Öffentliche Anhörung - Wortprotokoll, BT-Drucksache 15/119, S. 124.
[251] gemeint ist das Steuervergünstigungsabbaugesetz [d. Verf.].
[252] Senger, Öffentliche Anhörung - Wortprotokoll, BT-Drucksache 15/119, S. 128.

setzt. „ ... nicht nur die Fähigkeit, sondern auch der Wille und die Absicht, Steuern zu zahlen, haben einen ganz enormen Einfluss darauf, ob man mit dem Staat zurechtkommt.“[253]

- *AmCham Germany*: „... im Vertrauen auf ein stabiles Umfeld“ haben amerikanische Investoren über 100 Mrd. € in Deutschland investiert. „Durch die kurzfristig orientierte und von Kehrtwendungen geprägte Steuerpolitik der letzten Jahre geht jegliche Planungssicherheit verloren. Noch schlimmer sind die fragwürdigen rückwirkenden Gesetzesänderungen...“ Ein Mindestmaß an Rechtssicherheit ist nicht gegeben.[254]

- *Arbeitsgemeinschaft Deutscher Waldbesitzerverbände*: „Die Planbarkeit von betrieblichen und privaten Sachverhalten“ wird erschwert, „die Staatsquote durch zusätzlichen Verwaltungsaufwand und Mehrsteuern erhöht, etwaige kurzfristige Steuermehreinnahmen zu Steuermindereinnahmen ... führen werden und das Vertrauen in den Staat und sein wirtschaftliches Handeln weiter“ verringert wird.[255]

- *Bund Deutscher Finanzrichterinnen und Finanzrichter*: „... zum Steuerbescheinigungs- und Mitteilungsverfahren ... soll nicht verkannt werden, dass es zu einer nicht unwesentlichen Belastung der betroffenen Institute und Unternehmen führen“ kann. „Mit der Sammlung des Kontrollmaterials beim BMF wird ein Informationspool entstehen, der ... die Gefahr des gläsernen Steuerbürgers in sich birgt. ... die informationelle Selbstbestimmung der Steuerpflichtigen wird berührt. ...der vollständige und umfassende Datenschutz“ muss gewährleistet sein.[256]

- *Spitzenverbände der Wirtschaft*[257]: „... das geplante Kontrollsystem, das nicht nur der Finanzverwaltung ein völlig überzogenes Ermittlungsinstrumentarium eröffnet, sondern zusätzlich die Kreditwirtschaft in unverhältnismäßig aufwendiger Weise ... verpflichtet, erscheint uns als der fal-

---

[253] Willemsen, Öffentliche Anhörung - Wortprotokoll, BT-Drucksache 15/119, S. 132.
[254] Öffentliche Anhörung - Wortprotokoll, BT-Drucksache 15/119, S. 172.
[255] Öffentliche Anhörung - Wortprotokoll, BT-Drucksache 15/119, S. 190.
[256] Öffentliche Anhörung - Wortprotokoll, BT-Drucksache 15/119, S. 232.
[257] Gemeinsame Stellungnahme durch BDI, DIHK, ZDH, BGA, HDE, BdB, BDA, GDV.

sche Weg. Ein mit immensem bürokratischen und finanziellen Aufwand einzurichtendes Kontrollmitteilungssystem erscheint deshalb nicht als geeignetes Instrument, die Steuerehrlichkeit in der Bevölkerung zu fördern, sondern birgt eher die Gefahr weiterer Ausweichreaktionen. Ein Konzept sollte“, indem es anstatt auf Kontrollen auf die Akzeptanz beim Bürger setzt, „eine moderate Abgeltungssteuer vorsehen.“[258]

- *Bundesverband der Freien Berufe*: Kontrollmitteilungen, wonach „zusätzliche Kosten durch die damit notwendig werdende Bürokratie für Banken, Steuerverwaltung und Steuerpflichtige entstehen werden, ist noch nicht absehbar. Es werden weitere Papierberge geschaffen, die dann auch aufbewahrt und verwaltet werden müssen.“[259]

- *Bundesverband Freier Immobilien- und Wohnungsunternehmen*: „Das Konzept einer Abgeltungssteuer auf Zinseinkünfte, ... den Transfer von gespartem Geld in das Ausland weniger attraktiv erscheinen zu lassen und umgekehrt sogar die Rückführung von Sparguthaben im Zuge einer Amnestierung der vorherigen Steuerflucht in das Inland anzuregen. ... mit der Abgeltungssteuer auf Zinsen die Kontrollmitteilungen der Banken“ sich erübrigen.“[260]

- *Bundesverband Junger Unternehmer der ASU*: „Anstatt den Kapitalaufbau von Bürgern und Unternehmen durch eine weitgehende Freistellung von Investitions- und Sparerträgen zu fördern, leistet der Gesetzentwurf sogar einer Verschärfung der Mehrfachbesteuerung Vorschub.[261]

- *Deutsche Börse AG*: „Würden die Einkommenssteuern gesenkt, nähme ferner auch der Anreiz zur Steuerflucht ebenso wie der administrative Aufwand zur legalen Steuervermeidung ab ... die Attraktivität der Aktie als Anlageform sinkt, was signifikante Liquiditätseinbußen am deutschen Aktienmarkt zur Folge hätte.“ Aus gesamtwirtschaftlicher Sicht wäre dies

---

[258] Öffentliche Anhörung - Wortprotokoll, BT-Drucksache 15/119, S. 269, S. 283.
[259] Öffentliche Anhörung - Wortprotokoll, BT-Drucksache 15/119, S. 333.
[260] Öffentliche Anhörung - Wortprotokoll, BT-Drucksache 15/119, S. 372.
[261] Öffentliche Anhörung - Wortprotokoll, BT-Drucksache 15/119, S. 406.

negativ, da der Kapitalmarkt zwei der wichtigsten Funktionen einer Volkswirtschaft erfüllt. „Die Steigerung der Kapitalproduktivität (als Motor für Wachstum und Beschäftigung) sowie die Rolle bei der Stärkung der privaten Altersvorsorge.“[262]

- *Deutscher Steuerberaterverband*: „Zu beachten ist, dass mit der Erhebung der Regelungen des Bankenerlasses ... auch kapitalmarktpolitische Ziele verfolgt wurden. Kapitalflucht als eine Auswirkung, die in Kauf genommen werden soll, „steht der derzeitigen Diskussion um eine Steueramnestie diametral entgegen. Die Einführung eines allgemeinen Ordnungsmerkmals ist ebenfalls abzulehnen ... das Gespenst vom totalen Überwachungsstaat“ wird dadurch lebendig. Es besteht die Gefahr, den Anwendungsbereich für steuerliche Zwecke auszudehnen, um einen Abgleich mit den Sozialversicherungsträgern für gezahlte Beiträge einzuführen.[263]

- *DIW Berlin*: „... Wenn eine vollständige Besteuerung der Kapitaleinkünfte zu hohen Steuersätzen nicht durchsetzbar erscheint, sollen niedrigere Sätze die Steuerehrlichkeit der Anleger erleichtern, die Steuerflucht ins Ausland eindämmen bzw. Auslandsanlagen ins Inland zurückholen. Ein internationaler Informationsaustausch wird dadurch vermieden, ... auch auf Kontrollmitteilungen der inländischen Banken“ verzichtet werden. „Eine Rückverlagerung von Kapitalanlagen nach Deutschland dürfte ... auch keine besonderen Impulse für Wachstum und Beschäftigung auslösen.“ Für eine niedrigere Besteuerung spricht, „dass damit die Benachteiligung des künftigen Konsums und damit die Ersparnisbildung vermieden wird ...“[264]

- *ifo Institut*: „... Kontrollmitteilungen dürften die Verunsicherung im Zweifelsfall noch erhöhen. Sollte es zu einer Amnestie ... kommen, so muss Kapital nicht unbedingt nur zurückkommen. Neben einem Rückfluss kann auch ein zusätzlicher Abfluss eintreten, denn die steuerliche Belastung im

---

[262] Öffentliche Anhörung - Wortprotokoll, BT-Drucksache 15/119, S. 410 f.
[263] Öffentliche Anhörung - Wortprotokoll, BT-Drucksache 15/119, S. 495 f.
[264] Öffentliche Anhörung - Wortprotokoll, BT-Drucksache 15/119, S. 549 f.

Rahmen der Amnestie ist deutlich günstiger als die normale Besteuerung für ehrliche Steuerbürger. ... Erfahrungen aus anderen Ländern wie in Italien lehren, dass in der Regel auf eine Amnestie eine weitere folgt."[265]

- *IfW Köln*: „Eine verschärfte Belastung privat erzielter Aktienkursgewinne würde zudem die Einführung der geplanten Abgeltungssteuer auf Zinserträge erschweren, denn die Unterschiede der Steuerbelastung verschiedener Formen von Kapitaleinkommen würden beträchtlich sein."[266]

- *DZZ*: „Die automatisierte Datenverarbeitung ist und bleibt ein erhebliches Gefährdungspotential für die Privatsphäre der Bürgerinnen und Bürger. Der Datenschutz ist die Antwort auf die Risiken der modernen Computertechnik für das Recht auf informationelle Selbstbestimmung. Die Entwicklung gerade in der öffentlichen Verwaltung beschwört immer mehr die Situation herauf, in denen besonders sensible Daten, ... in der EDV-Abteilung des Hauptamtes verarbeitet werden. ... eines ist klar und das hat auch die Bundesregierung erkannt: Wer Multimedia am Bürger ... vorbei plant, und glaubt, hier eröffneten sich ... paradiesische Zustände, der wird ... viel Geld umsonst investieren."[267] „Datenschutz für den Einzelnen und legitime Transparenzansprüche gehören also zusammen und dürfen nicht künstlich auseinanderdividiert werden. ... der gläserne Bürger müsse verhindert und zugleich die gläserne Verwaltung angestrebt werden."[268] Weiterhin: Gemeinsame Softwareentwicklung der Steuerbehörden ein Problemfall: „Die Steuerverwaltungen des Bundes und der Länder sollten sich kurzfristig darüber verständigen, wie im Rahmen der anlaufenden Verbundentwicklung von Software ein Test- und Freigabeverfahren gestaltet werden kann, das der tatsächlichen Verantwortung für die Abwicklung der automatisierten Steuerfestsetzungs- und Erhebungsverfahren Rech-

[265] Öffentliche Anhörung - Wortprotokoll, BT-Drucksache 15/119, S. 588.
[266] Scheide, Öffentliche Anhörung - Wortprotokoll, BT-Drucksache 15/119, S. 495 f.
[267] Bäumler, http://www.datenschutzzentrum.de/somak/somak96/sa96rede.htm, Stand: 14.04.2003.
[268] http://www.datenschutzzentrum.de/material/tb/tb15/kap2.htm#Tz2.2, Stand: 14.04.2003.

nung trägt."[269] Zudem ist, trotz der Regelungen über das Steuergeheimnis, die AO ein Verwaltungsverfahrensgesetz mit einem niedrigen Datenschutzniveau. Deshalb sollte die AO um Regelungen erweitert werden, „die dem gängigen Datenschutzstandard entsprechen."[270]

- *DSGV*: Zugriffsrechte gefährden steuerliches Bankgeheimnis; „... es besteht die Gefahr, dass im Rahmen des erweiterten Zugriffsrechts die Finanzverwaltung auf sensible ... Daten zugreift, ... beispielsweise im Bereich der Kreditinstitute."[271]

## 4. Banken

- *Verband der Auslandsbanken in Deutschland*: „Die ... vorgesehenen Änderungen würden die Fondsindustrie in so empfindlichem Maße treffen, dass mit einem starken Rückgang des Fondsgeschäfts zu rechnen wäre. Ein System von Kontrollmitteilungen ... ist für die Finanzbehörden und die betroffenen Zahlstellen mit einem erheblichen administrativen und kostenmäßigem Aufwand verbunden und birgt die Gefahr eines übermäßigen Bürokratismus. Es steht das mildere Mittel der Abgeltungssteuer zur Verfügung. ... alle Formen von Erträgen aus Finanzanlagen (Zinsen, Dividenden, Veräußerungsgewinne aus Finanzanlagen) sollten mit einer Abgeltungssteuer in gleicher Höhe belegt werden." Das Steuerrecht würde vereinfacht, der administrative Aufwand der Finanzverwaltung, der Zahlstellen und der Anleger auf ein Minimum reduziert werden. „Das wäre auch aus Sicht des Auslandes eine erhebliche Vereinfachung im Interesse der Förderung des Finanzplatzes Deutschland."[272]

- *Deutsche Bundesbank*: „... es stellt sich die steuertechnische Frage, ob die vorgesehene Besteuerung privater Veräußerungsgewinne mit einem ein-

[269] http://www.datenschutzzentrum.de/material/tb/tb24/kap4_10.htm#Tz4.10.2, Stand: 14.04.2003.
[270] http://www.datenschutzzentrum.de/material/tb/tb25/kap4_10.htm#Tz4.10.5, Stand: 14.04.2003.
[271] http://www.dsgv.de/, Stand: 17.04.2003.
[272] Öffentliche Anhörung - Wortprotokoll, BT-Drucksache 15/119, S. 819.

heitlichen Steuersatz die zusätzliche Einführung von Kontrollmitteilungen verlangt; ein Quellenabzug mit abgeltender Wirkung könnte hier einen erheblichen Vereinfachungseffekt bringen. Ein Kontrollmitteilungsverfahren führt zu einem erheblichen Aufwand und steht dem mit der Abgeltungssteuer verfolgten Ziel einer „Repatriierung" von Kapital im Wege. Zudem wird befürchtet, die steuerlichen Daten über Kapital- und Immobilienerträge könnten für Zwecke der Sozialabgaben genutzt werden.[273]

- *Deutsche Bank*: ... war bemüht sich des Themas anzunehmen und verwies im Ergebnis darauf, keine internen Informationen an Außenstehende herausgeben zu können.[274]

- *Dresdner Bank*: „Im Zusammenhang mit der für den 01.01.2004 geplanten Zinsabgeltungssteuer und dem Petitum des BdB, die Besteuerung von Kapitalerträgen und Veräußerungsgeschäften über diese geplanten und wohl konsensfähigen Änderungen hinaus grundsätzlich neu zu regeln, halten wir es für denkbar, dass sich das BMF einer Neuordnung der Besteuerung von Kapitalanlagen nicht verschließen wird. Letztendlich bedeutet diese Einschätzung einer möglichen Entwicklung der Besteuerung von privaten Veräußerungsgeschäften für das WP-Geschäft der Bank, dass zwar zunächst alles beim Alten bleibt, jedoch mit einer steuerlichen Änderung über kurz oder lang weiterhin zu rechnen ist."[275]

- *Commerzbank*: ... konnte keine Angaben zum Thema machen, auf Grund der derzeitigen personellen und strukturellen Umgestaltung sowie keinen entsprechenden Ansprechpartner zum Bankgeheimnis zu haben.[276]

## 5. Literatur

- Kostenerstattung: Zur Sachverhaltsaufklärung bedienen sich die Finanzbehörden Auskünfte von Dritten. „Kreditinstitute werden ... um Auskünf-

[273] Öffentliche Anhörung - Wortprotokoll, BT-Drucksache 15/119, S. 417.
[274] email vom 30.06.2003; Telefonat mit Studenten-Service, Frankfurt/Main vom 02.07.2003.
[275] Burtscheidt/Löbig, persönliche Informations-email der Dresdner Bank vom 02.07.2003.
[276] Personalabteilung Berlin, Telefonat vom 02.07.2003.

te zu steuerlichen Einzelfragen ihrer Kunden ersucht. Art und Umfang erfordern ... umfangreiche Nachforschungen. Der für die Bearbeitung ... notwendige Arbeits- und Zeitaufwand ist ... so erheblich, dass sich die Frage nach einer Kostenerstattung hierfür ... aufdrängt."[277]

- „Schlüsselstellung der Kreditwirtschaft: Wesentliche Funktion des Kreditgewerbes ist die Vermittlung von Anlage suchendem Kapital an die Kredit nehmende Wirtschaft und Private. Die Schlüsselfunktion der Kreditwirtschaft ... ist im Bericht des Wirtschaftsausschusses des Deutschen Bundestages wie folgt formuliert worden: Da alle wesentlichen Zweige der Volkswirtschaft auf das Kreditgewerbe als Kreditgeber und Gelsammelstelle angewiesen sind, greifen Störungen in diesem Wirtschaftszweig leicht auf die gesamte Volkswirtschaft über."[278]

- „Vertrauensempfindlichkeit der Kreditwirtschaft: Kreditinstitute sind in besonderem Maße auf das Vertrauen ihrer Kunden und der Wirtschaft angewiesen. Die Kapitalbereitstellung der Sparer ... und die meist langfristige Bindung ... bedingen diese besondere Vertrauensempfindlichkeit. So kann in wirtschaftlich labilen Zeiten der gefürchtete allgemeine Run auf die Bankschalter entstehen, der die gesamte Kreditwirtschaft in die Gefahr des Zusammenbruchs führen kann und dessen Folgen die gesamte Volkswirtschaft treffen ..."[279]

- „... die Anonymität der Bankkonten sei nicht mehr gewahrt ... Die Respektierung des Vertrauensverhältnisses Bankkunde – Bank hat kapitalmarktpolitische Gründe. Die Wahrung der Anonymität der Geldanlagen soll ... der Gefahr des Kapitalabflusses in das Ausland entgegenwirken. Kapital-(flucht)-bewegungen in das Ausland führen im Inland zur Erhöhung des allgemeinen Zinsniveaus. Das Ansteigen der Zinsbelastung" trifft „angesichts der hohen Verschuldung der öffentlichen Hand insbesondere Bund, Länder und Gemeinden ..., so dass der Vorteil des Steuergläubigers, der durch konsequente Erfassung der Zinsen aus noch im In-

---

[277] Dahm/Hamacher, Auskunftsbegehren der Finanzbehörden, S. 115.
[278] Schimansky/Bunte/Lwowski/Fischer, Bankrechtshandbuch, § 125 Rn 9.
[279] Schimansky/Bunte/Lwowski/Fischer, Bankrechtshandbuch, § 125 Rn 11.

land verbliebener Gelder entsteht, erheblich reduziert wird und sich möglicherweise ins Gegenteil verkehrt."[280]

- „Ausforschungsdurchsuchung: wird bisher strikt abgelehnt" weil „eine derartige Aufweichung der Durchsuchungserfordernisse ... leicht im allgemeinen Ermittlungsbelieben" endet. § 30a AO stellt "ein Hindernis für die Gewährung von Gleichheit im steuerlichen Belastungserfolg" dar. Verhaltensweisen seien zu vermeiden, „die eine weitere Kapitalflucht ins Ausland auslösen, da dies volkswirtschaftlich negative Auswirkungen habe." Zum freien Handel in der EU gehöre auch der freie Kapitalverkehr. „Wer hiervon in legaler Weise Gebrauch mache, dürfe nicht in eine rechtliche Grauzone geraten. Tatsächlich ergibt sich die Illegalität erst, wenn der Betroffene die Erträge aus diesem Kapital nicht versteuert."[281]

- „Verhinderung von Kapitalflucht, Begrenzung des Vollzugsaufwandes" haben keinen Bestand, wenn das Ziel der Besteuerungsgleichheit verfehlt würde.[282]

- Rückwirkungsproblematik: „... bei der Einführung eines umfassenden Mitteilungsverfahrens" besteht ein Problem darin, „... dass die Finanzämter Nachforschungen für die Vergangenheit sowohl hinsichtlich der Zinserträge als auch hinsichtlich der Herkunft des Kapitals anstellen müssten. Dadurch käme es zu einer Kriminalisierung der Bürger."[283]

### 6. Presse[284]

- *Deutscher Bundestag/Pressezentrum*: „SPD und Bündnis 90/Die Grünen wollen mit ihrem Gesetzentwurf zum Abbau von Steuervergünstigungen ... dazu beitragen, dass sich künftig alle gesellschaftlichen Gruppen in an-

---

[280] Schimansky/Bunte/Lwowski/Bruchner, Bankrechtshandbuch, § 39 Rn 67.
[281] Schimansky/Bunte/Lwowski/Bruchner, Bankrechtshandbuch, § 39 Rn 103 ff.
[282] Klein/Rüsken, AO, § 30a Rn 2.
[283] Hoppe, Das Erhebungsdefizit, S. 34.
[284] nachfolgende Auswahl der mannigfaltig verfügbaren Pressemitteilungen zeigt, dass der Komplex „Bankgeheimnis/Kontrollmitteilungen" in den Medien thematisiert worden ist.

gemessenem Umfang an der Finanzierung öffentlicher Leistungen beteiligen. Die Koalition erhofft sich davon Steuermehreinnahmen von 3,58 Mrd. Euro im kommenden Jahr ... Zur Überprüfung der Einkünfte aus Kapitalvermögen will die Koalition Kontrollmitteilungen der Kreditinstitute an die Finanzbehörden einführen."[285]

- *Deutscher Bundestag/Finanzausschuss*: „Die deutschen Unternehmen fürchten enorme Mehrbelastungen. Beanstandet wird ... das geplante Kontrollsystem zur Erfassung von privaten Veräußerungsgeschäften und Kapitalerträgen. Damit würde der Finanzverwaltung ein völlig überzogenes Ermittlungsinstrumentarium eröffnet und die Kreditwirtschaft zu aufwändigen Kontrollmeldungen und Erträgnisbescheinigungen verpflichtet."[286]

- *Deutscher Bundestag/Datenschutzbeauftragter*: „gegen flächendeckende Kontrollmitteilungen; Bei flächendeckenden Kontrollmitteilungen, der Aufhebung des Bankgeheimnisses, der Einführung eines Ordnungsmerkmals und der zielgerichteten Suche bei steuerlichen Außenprüfungen finde das Grundrecht auf informationelle Selbstbestimmung nicht mehr statt."[287]

- *Impulse v. 27.01.03*: „Zinssteuer bleibt Dummensteuer"[288]

- *Impulse v. 07.03.03*: „Keine Kontrolle der Zinserträge"[289]

- *ZDF v. 25.01.03*: „Angeblich großzügigere Amnestie für Steuerflüchtige geplant – Diskussion um Kontrollmitteilungen hält an"[290]

---

[285] http://www.bundestag.de/aktuell/hib/2002_259/03.html, Stand: 08.05.2003.
[286] http://www.bundestag.de/aktuell/hib/2003_007/01.html, Stand: 08.05.2003.
[287] http://www.bundestag.de/aktuell/hib/2003_032/02.html, Stand: 08.05.2003.
[288] http://www.impulse.de/the/ste/182962.html, Stand: 07.04.2003.
[289] Diefenbach, http://www.impulse.de/the/ste/187910.html, Stand: 07.04.2003.
[290] http://www.heute.t-online.de/ZDFheute/artikel/14/0.1367.HOME-0-2031438.00.html, Stand: 07.04.2003.

- *FAZ:* „Anlagefachmann Amann: Ein Refugium für Steuerflüchtige aus Deutschland. Die Geldanlage im Alpenland wirkt wie Placebo auf Fluchtgelüste steuergeplagter Bundesbürger.“[291]
- *FAZ:* „Mit der Abgeltungsteuer auf Sparzinsen, die die Bundesregierung jetzt angekündigt hat, kommt keine neue Abgabe auf die Bundesbürger zu“, da bereits jetzt Kapitaleinkünfte mit der Einkommensteuer bezahlt werden.[292]

- *FAZ:* „Jeder deutsche Steuerflüchtling werde es sich zweimal überlegen, ob er seine Vermögenssituation dem deutschen Fiskus gegenüber wirklich offen legen soll.“[293]

- *FAZ* : „Clement stellt Kontrollmitteilungen in Frage“ „... das Kabinett sei zur Auffassung gekommen, dass Kontrollmitteilungen nicht ohne Not eingeführt werden müssten. Eine solche Not sehe er aber nicht.“[294]

- *FAZ:* Regierungskabinett bat Eichel zu prüfen, „ wie die Kontrollen durch ein unbürokratisches System ersetzt werden können.“[295]

- *FAZ:* ...„Die sogenannte Brücke in die Steuerehrlichkeit – also die Strafbefreiung für reumütige Steuersünder – soll ... weiterhin zum 01. Januar 2004 gebaut werden.“[296]

- *FAZ:* „... Sprecher des BMF, Jörg Müller, ... die Abgeltungssteuer werde zum Januar 2005 gemeinsam mit der europäischen Zinsrichtlinie in Kraft treten.“[297]

---

291 Harriehausen, FAZ vom 20.12.2002, S. 49.
292 Die „Abgeltungsteuer“ für Sparer bringt keine neue Abgabe, FAZ vom 18.12.2002, S. 21.
293 Schweizer Banken geben sich gelassen, FAZ vom 18.12.2002, S. 23.
294 http://www.faz.net/s/Rub3C0B5C86BD3E4C2F8DE593FFA3707EEE/Doc ~E076055B4FC4E1FBF81C87F1F91CA5F~ATp1~Ecommon~Scontent.html, Stand: 07.03.2003.
295 Clement beerdigt Kontrollmitteilungen, FAZ vom 8. 3. 2003, S. 11.
296 Zinsabgeltungssteuer verschoben, FAZ vom 3. 6. 2003, S. 11.
297 Abgeltungssteuer auf Zinsen kommt 2005, FAZ vom 5. 6. 2003, S. 13.

## III. Auswirkungen

Anhand der zuvor aufgeführten Argumente sollen im folgenden Punkt die Auswirkungen in möglichen Zusammenhängen dargestellt werden. Zweifellos ist das reine Aufzeigen von Kausalketten ohne statistische Untermauerung vom rein akademischen Standpunkt nicht befriedigend. Trotz fehlenden statistischen Materials und Interdependenzen verschiedenster Einflussfaktoren soll im begrenzten Rahmen dieser Arbeit versucht werden, isolierte Betrachtungen der Auswirkungen der Aufhebung des Bankgeheimnisses auf die deutsche Wirtschaft aufzuzeigen.

### 1. Rechtlich

Das Bankgeheimnis gegenüber den Finanzbehörden stellt mit § 30 a AO eine gesetzliche Grundlage dar, deren Reichweite umstritten ist. Es ist als vertragliche Zusage der Vertraulichkeit durch die Bank gegenüber dem Bankkunden anzusehen. Wer sich mit äußerst sensiblen Informationen einem beruflichen Spezialisten mit der Erwartung von Hilfe und Unterstützung anvertraut, will, dass mit den anvertrauten eigenen Daten nur so verfahren wird, wie dies zwischen Dienstleister und Kunde abgesprochen wurde.

Mit der Aufhebung des Bankgeheimnisses könnte das Recht des Einzelnen auf „informationelle Selbstbestimmung"[298] und seiner daraus abzuleitenden Befugnis, grundsätzlich selbst über die Preisgabe und Verwendung seiner persönlichen Daten zu bestimmen, beeinträchtigt werden. Die Aufhebung betrifft zwar die Allgemeinheit, jedoch ist diese Einschränkung des Rechtes nur im überwiegenden Allgemeininteresse zulässig, wenn es dafür eine verfassungsgemäße gesetzliche Grundlage gibt.
Diese verfassungsgemäße Grundlage könnte im Grundsatz der Gleichmäßigen Besteuerung zu sehen sein und wäre mit der Aufhebung des § 30 a AO und mit der Einführung von flächendeckenden Kontrollmitteilungen erfüllt.[299] Die Daten der Kontrollmitteilungen würden folgend zentral gesammelt werden. Dafür wäre

[298] FDP, siehe unter Gliederungspunkt B. II. 1., S. 333f.
[299] Ondracek, siehe unter Gliederungspunkt B. II. 2., S. 34.

es notwendig, eine sog. virtuelle Kontenevidenzzentrale[300] einzurichten. Sämtliche Daten, Bestände und personenbezogenen Daten würden dort gesammelt und gespeichert werden. Ein Vorteil ist in der zentralen Verarbeitung und Abrufbarkeit zu sehen. Der Nachteil, welcher auch als Problem zu bewerten wäre, bestünde in einer Zweckentfremdenden Verwertung der Daten. Die Daten könnten mit den Sozialversicherungsträgern in Verbindung gebracht werden[301], um bestehende Vermögensverhältnisse von Leistungsempfängern zu überprüfen[302], oder zum Abgleich über gezahlte Beiträge verwendet werden.[303]

Durch Einführung eines Mitteilungsverfahrens kommt es zu einem Rückwirkungsproblem. Dieses ist darin zu sehen, dass die Finanzämter Nachforschungen für die Vergangenheit hinsichtlich der Zinserträge und der Herkunft des Kapitals anstellen. Dadurch käme es zu einer Kriminalisierung des Bürgers. Die Ermittlung mittels eines Kontrollsystems stellt jedoch keine gegen das Rechtsstaatsprinzip verstoßende Rückwirkung dar. Rechtssicherheit bedeutet Schutz des Vertrauens in die Beständigkeit gesetzgeberischer Aussagen. Der Bürger vertraut in seinem Verhalten, das sich an der Rechtsordnung orientiert, darauf, von dieser mit allen damit verbundenen Folgen anerkannt zu bleiben. Wer nun die ordnungsgemäße Versteuerung seiner Kapitalerträge durch Verschweigen seiner Zinserträge verhindert, hat sich in seinem Verhalten gerade nicht an der Rechtsordnung orientiert. Dieses Verhalten verdient damit keinen staatlichen Schutz. Die Bürger haben sich durch dieses Fehlverhalten selbst kriminalisiert.[304]

Mit der Aufhebung des § 30 a AO besteht eine weitere Aushöhlung des Bankgeheimnisses, wodurch das angeschlagene Vertrauensverhältnis zwischen Bürgern und Kreditinstituten weiter belastet wird. Der allgemeine Eindruck, die Kreditinstitute seien Hilfspersonen[305] oder Verrichtungsgehilfen der Steuerbehörden, würde dadurch untermauert werden. Eine derartige Aufweichung oder Ausforschungsdurchsuchung könnte leicht in einem allgemeinen Ermittlungsbe-

---

[300] SPD/Bündnis 90/Die Grünen, siehe unter Gliederungspunkt B. II. 1., S. 32.
[301] Deutsche Bundesbank, siehe unter Gliederungspunkt B. II. 4., S. 45 f.
[302] CDU/CSU, siehe unter Gliederungspunkt B. II. 1., S. 32 f.
[303] Deutscher Steuerberaterverband, siehe unter Gliederungspunkt B. II. 3., S. 43
[304] Hoppe, Das Erhebungsdefizit, S. 34 f.
[305] Neckels, DStZ 1989, S. 18, 21.

lieben der Behörden enden. Das Kontrollsystem eröffnet der Finanzverwaltung ein völlig überzogenes Ermittlungsinstrumentarium[306], wodurch möglicherweise die Kompetenzen einer Finanzbehörde überschritten werden würden.

Bei der Einführung eines Kontrollmitteilungsverfahrens ist weiter fraglich, ob die in die Pflicht genommenen Kreditinstitute dadurch in ihrem Grundrecht der Berufsfreiheit (Art. 12 Abs. 1 i.V.m. Art 19 Abs. 3 GG) verletzt würden.[307] Kontrollmitteilungen stellen eine außerhalb der eigentlichen Berufsausübung liegende Tätigkeit dar. Dieser im unmittelbaren Zusammenhang mit dem Tätigkeitsbereich der Kreditinstitute stehende Dienst berührt daher den Schutzbereich der Berufsfreiheit der Kreditinstitute, die zur Übersendung von Kontrollmitteilungen verpflichtet werden. Demgegenüber steht allerdings die Beschränkung der Freiheit der Berufsausübung, soweit vernünftige Erwägungen des Gemeinwohls es zweckmäßig erscheinen lassen. Die Inpflichtnahme der Kreditinstitute im Rahmen eines Kontrollverfahrens dient dem Ziel der Verwirklichung einer gesetzmäßigen und gleichmäßigen Besteuerung und entspricht damit vernünftigen Erwägungen des Gemeinwohls. In Abwägung beider Argumente bestünden dann keine Bedenken gegen ein Kontrollmitteilungsverfahren.

Ferner ist zu berücksichtigen, dass eine Vielzahl der von der Finanzverwaltung nicht geklärten Zweifelsfragen im Zusammenhang mit der Besteuerung von Kapitalerträgen steht, deren Klärung auf die Kreditinstitute abgewälzt würde. Klärungsbedürftige Einzelfragen betreffen den Aktienerwerb auf Anleihen bzw. Optionen, gesellschaftsrechtliche Vorgänge (Aktientausch, Verschmelzung, Spaltung) sowie spezielle Geschäfte (Fremdwährungsgeschäfte, Verkauf girosammelverwahrter Wertpapiere).[308] Solange durch die Finanzverwaltung keine Klärung der verschiedenen Tatbestände vorliegt, können Kreditinstitute nicht verpflichtet werden, in einem Massenverfahren im Rahmen einer flächendeckenden Erteilung von Monats- bzw. Jahresbescheinigungen verbindliche Angaben zu machen.

---

[306] Spitzenverbände der Wirtschaft, siehe unter Gliederungspunkt B. II. 3., S. 41 f.
[307] Hoppe, Das Erhebungsdefizit, S. 35 f.
[308] http://www.zentraler-kreditausschuss.de/upload/1039101422.16-IV-Anl1.pdf, Stand: 10.08.2003.

Durch die Sammlung von Daten durch das Instrumentarium der Kontrollmitteilung besteht die Gefahr des gläsernen Steuerbürgers, der dadurch in seiner informationellen Selbstbestimmung berührt wird.[309] Daher ist es von enormer Relevanz, einen vollständigen und umfassenden Datenschutz zu gewährleisten.
Der Datenschutz ist als Teilaspekt des allgemeinen Persönlichkeitsrechts durch Art. 2 Abs. 1 i.V.m. Art. 1 Abs. 1 GG verfassungsrechtlich gewährleistet.[310] Im Zuge der immer schneller werdenden Entwicklung der Technik und der Vertechnisierung aller Lebensbereiche ist der Datenschutz die Antwort auf die Risiken der modernen Computertechnik für das Recht auf informationelle Selbstbestimmung. Bei der automatisierten Datenverarbeitung besteht ein erhebliches Gefährdungspotential für die Privatsphäre aller Dinge. Wo freilich mit der Verarbeitung wie selbstverständlich umgegangen wird, nimmt die Gewöhnung zu und wächst die Gleichgültigkeit.[311] Zunehmend ist eine Entwicklung in der öffentlichen Verwaltung zu erkennen, in der besonders sensible Daten in der EDV-Abteilung des Hauptamtes verarbeitet werden.[312] In diesem Zusammenhang besteht die Frage nach der Aktualität der Rechnersysteme und Netzwerke, um Systemzugriffe abzuwehren sowie Datenraub und -missbrauch zu verhindern, um so dem geforderten Datenschutz zu entsprechen.
Datenschutz für den Einzelnen und legitime Transparenzansprüche der Behörde gehören zusammen.[313] Ob dieses Gleichgewicht durch eine Aufhebung des § 30 a AO und einer Einführung von Kontrollmitteilungen bestehen bleibt, ist fraglich.

Ein weiteres rechtliches Problem tritt im Rahmen einer möglichen Amnestierung und Berechnung der Abgeltungssteuer auf. Der Steuerpflichtige wird sich diesbezüglich eines Steuerberaters bedienen. Dies ist zur Überprüfung der Frage erforderlich, ob eine strafbefreiende Erklärung nach dem FördStEG oder eine strafbefreiende Selbstanzeige nach § 371 AO abgegeben werden soll. Es muss klargestellt werden, dass sich für den Steuerberater durch § 370 a AO aus der steuerlichen Hilfeleistung keine strafrechtlichen Auswirkungen ergeben. Macht

[309] Bund Deutscher Finanzrichter, siehe unter Gliederungspunkt B. II. 3., S. 41.
[310] Hoppe, Das Erhebungsdefizit, S. 35.
[311] Simitis, NJW 1998, S. 2477, 2479.
[312] DZZ, siehe unter Gliederungspunkt B. II. 3., S. 44 f.
[313] DZZ, siehe unter Gliederungspunkt B. II. 3., S. 44 f.

der Mandant von der Möglichkeit der strafbefreienden Erklärung Gebrauch, darf kein Verdacht der Beihilfe zur Steuerhinterziehung durch den Steuerberater entstehen. Darüber hinaus muss sichergestellt werden, dass für den Steuerberater im Zusammenhang mit der Beratung zur strafbefreienden Erklärung keine Verpflichtung zur Abgabe von Verdachtsanzeigen nach § 11 GwG besteht. Eine exakte Klarstellung durch den Gesetzgeber ist erforderlich, um späteren Auslegungsfragen durch die Finanzverwaltung vorzubeugen.[314]

Letztendlich sollte jegliche Regelung, die getroffen wird, sowohl den national geltenden Verfassungsgesetzen als auch den Europarechtlichen Richtlinien[315] entsprechen[316], da sonst ohne sachliche Legitimation gleiche Ausgangssituationen ungleich behandelt werden und der grundrechtlich geschützte Gleichheitssatz zur Diskussion steht.

### 2. Steuerlich

Hauptgrund für die Aufhebung des Bankgeheimnisses ist, dass § 30 a AO ein Vollzugshindernis für die gleichmäßige Besteuerung von Zinseinkünften darstellt. Durch den Einsatz von Kontrollmitteilungen soll dieses Vollzugshindernis geschlossen werden, um so ausgewiesene und nicht ausgewiesene Einnahmen abzugleichen.[317] Mit der Errichtung der Kontenevidenzzentrale[318] wird die Kontrolldichte erhöht. Prinzipiell ist der Bürger gemäß der Abgabenordnung verpflichtet, an der Besteuerung mitzuwirken.[319] Mit der Aufhebung des § 30 a AO könnte somit der Steueranspruch durchgesetzt werden und der Steuerflucht entgegengewirkt werden. Durch Kontrollmitteilungen wird Steuergerechtigkeit[320] gegenüber ehrlichen Steuerzahlern hergestellt und das Aufkommen der Steuer auf Zinseinkommen deutlich erhöht.[321] Für welchen Zeitraum das erhöhte Aufkommen festzustellen ist, ist ungewiss, da eine weitere Kapitalflucht einsetzen

[314] http://www.bstbk.de, Stand: 10.08.2003.
[315] Deutscher Gewerkschaftsbund, siehe unter Gliederungspunkt II. 3., S. 37.
[316] Däke, siehe unter Gliederungspunkt B. II. 2., S. 34 f.
[317] SPD/Bündnis 90/Die Grünen, siehe unter Gliederungspunkt B. II. 1., S. 32 f.
[318] SPD/Bündnis 90/Die Grünen, siehe unter Gliederungspunkt B. II. 1., S. 32 f.
[319] SPD/Bündnis 90/Die Grünen, siehe unter Gliederungspunkt B. II. 1., S. 32 f.
[320] ver.di, siehe unter Gliederungspunkt B. II. 3., S. 36.
[321] Deutscher Gewerkschaftsbund, siehe unter Gliederungspunkt B. II. 3., S. 37.

könnte. Diese weitere Kapitalflucht hätte wiederum ein Absinken der Zinserträge zur Folge und somit zugleich ein Absinken des Steueraufkommens auf diese.
Weiterhin muss davon ausgegangen werden, dass viele Sachverhaltsaufstellungen durch Kontrollmitteilungen im Ergebnis zu keiner Besteuerung führen, da die Empfänger mit ihren Kapitalerträgen innerhalb der Freibeträge liegen würden.[322] Wollte man alle Zinserträge der Besteuerung unterziehen, um dem Gleichheitssatz gerecht zu werden, da Einkünfte aus Kapitalvermögen gegenüber anderen Einkunftsarten ungerechtfertigt bevorzugt werden, so müssten die Freibetragsgrenzen aufgehoben werden. Eine Benachteiligung der Kleinanleger und Geringverdiener wäre die Folge. Der Durchschnittssparer wäre betroffen, dem eine „Flucht" in Sachkapitalien in der Regel nicht möglich ist. Innerhalb des finanziellen Rahmens, den der Freibetrag vorgibt, wird Sparkapital regelmäßig für Zwecke der Altersvorsorge angespart. Der Sparerfreibetrag gehört mit zu den Besonderheiten des Kapitalmarktes, um Kapitalflucht ins Ausland zu vermeiden. Aus diesen Gründen könnte eine Sonderbehandlung der Kapitaleinkünfte gerechtfertigt sein und als nicht gleichheitssatzwidrig zu betrachten sein.
Auf Kontrollmitteilungen könnte verzichtet werden, wenn eine Abgeltungssteuer, beispielsweise als Zinsabgeltungssteuer, auf alle Kapitalerträge eingeführt werden würde.[323] Bei einer Abgeltungssteuer würden nur steuerrelevante Tatbestände erfasst.[324] Die Anforderungen würden denen einer Kontrollmitteilung entsprechen und das System der Kontrollmitteilungen wäre vollkommen vermeidbar.[325] Dabei sind mehrere Vorteile festzuhalten. Das Kreditinstitut führt unmittelbar beim Verkauf von Wertpapieren oder bei der Erzielung von Zinserträgen den Zinsabschlag an das Finanzamt ab und bescheinigt dies dem Anleger. Ein Resultat wäre eine Verfahrensvereinfachung bzw. Verfahrensbeschleunigung um mindestens ein Jahr. Die Finanzbehörde hätte einen unmittelbar stattfindenden Steuerzufluss, der Anleger eine exakte Ertragsaufstellung nach Steuern. Danach ergibt sich für die Beteiligten Planungssicherheit für die real vorhandenen Geldbestände.

---

[322] Zentraler Kreditausschuss, siehe unter Gliederungspunkt B. II. 3., S. 38.
[323] Eekhoff, siehe unter Gliederungspunkt B. II. 2., S. 35.
[324] Unternehmensgrün, siehe unter Gliederungspunkt B. II. 3., S. 39.
[325] DAI, siehe unter Gliederungspunkt B. II. 3., S. 38 f.

Probleme ergeben sich bei der Bemessung der Höhe des Pauschalsatzes für die Abgeltungssteuer. Eine zu niedrige Pauschalbesteuerung bevorzugt Besserverdienende und verstößt gegen das Prinzip der Besteuerung nach dem Leistungsfähigkeitsprinzip und damit gegen die Steuergerechtigkeit.[326] Erfolgt eine Pauschalbesteuerung mit einem zu hohen Steuersatz, besteht die Gefahr der Inattraktivität der Anlageformen und einer daraus resultierenden Kapitalflucht. Prinzipiell wäre eine Abgeltungssteuer als milderes Mittel[327] im Verhältnis zur Aufhebung des Bankgeheimnisses § 30 a AO bei gleichzeitiger Einführung eines Kontrollmitteilungssystems anzusehen.
Künftig soll durch das System der flächendeckenden Kontrollmitteilungen der Kapitalflucht entgegengewirkt werden. Eine lückenlose Erfassung aller Erträge und ihrer Ertragsbezieher soll den Abfluss ins Ausland verhindern. Ungewiss bleibt, inwieweit daraufhin Giralgeld dem System entzogen wird und als Bargeld in andere Ertragsprodukte investiert wird.

Darüber hinaus soll den bereits Steuerflüchtigen im Rahmen einer Steueramnestie die Möglichkeit gegeben werden, abgeführte Gelder in den nationalen Geldkreislauf wieder einzuführen. Als Argument des Anreizes sollte Straffreiheit gewährt werden, verbunden mit einer pauschalierten Nachzahlung der hinterzogenen Steuern und Verzicht auf die Erhebung steuerlicher Nebenleistung. Als problematisch stellt sich diese Vorgehensweise gegenüber dem redlichen Steuerzahler dar. Diese durch den Staat mit verursachte Misere der Zinsbesteuerung muss daher als steuerlich außergewöhnliche Maßnahme erscheinen. Nur dann kann der Gesetzgeber davon ausgehen, dass das Rechtsbewusstsein der steuerzahlenden Bevölkerung durch den nachträglich sanktionierten Verstoß gegen die Gleichmäßigkeit der Steuererhebung nicht verletzt wird.[328]

Eine weitere Konsequenz stellt sich bei der Amnestierung von Fluchtkapital in der Weise dar, dass das Kapital nicht nur zurückkommen muss. Neben einem Rückfluss kann auch ein zusätzlicher Abfluss eintreten. Die steuerliche Belastung im Rahmen der Amnestie wird deutlich geringer sein als die normale Be-

---

[326] ver.di, siehe unter Gliederungspunkt B. II. 3., S. 36 f.
[327] Verband der Auslandsbanken, siehe unter Gliederungspunkt B. II. 4., S. 45.
[328] Reiß, siehe unter Gliederungspunkt B. II. 2., S. 36.

steuerung für ehrliche Steuerbürger.[329] Folglich versteuert der Kapitalflüchtige sein Geld zu einem niedrigen Zinssatz im Inland und investiert dieses nachfolgend wieder im Ausland. Die Schwierigkeit dabei ist darin zu sehen, Fluchtkapital durch fragliche Bindefristen oder attraktive Möglichkeiten im Inland zu halten ohne gegen Wettbewerbsgleichheit und Kapitalverkehrsfreiheit[330] zu verstoßen.

### 3. Betriebswirtschaftlich

Bei der betriebswirtschaftlichen Betrachtung muss zwischen den drei miteinander verbundenen Akteuren unterschieden werden. Die Finanzbehörde, Kontrollmitteilungsempfänger und –auswertungsstelle sowie Steuerempfänger, wird als erste betriebswirtschaftliche Einheit angesehen. Unter der zweiten betriebswirtschaftlichen Einheit ist das Kreditinstitut als Kontrollmitteilungsabsender, Vermögensverwalter des Anlegers und Zinsertragszahlungsstelle zu qualifizieren. Unter der Prämisse des selbstständig wirtschaftenden und handelnden Individuums ist der Bürger als Kapitalanleger und Steuerzahler als dritte betriebswirtschaftliche Einheit zu untersuchen.
Die zwischen den Akteuren stattfindenden Interaktionen sowie die in den jeweils separaten betriebswirtschaftlichen Einheiten stattfindenden Handlungen werden nachstehend, unter den Aspekten Aufhebung des § 30 a AO und gleichzeitige Einführung eines Kontrollmitteilungsverfahrens, betrachtet.

#### a) Die Finanzbehörde

Hauptargument gegen ein flächendeckendes Mitteilungssystem ist, dass es verwaltungstechnisch nicht durchsetzbar ist. Schließlich wären davon über 400 Mio. Konten und Depots davon betroffen.[331]
Das durch die Kontrollmitteilungen aufkommende Kontrollmaterial ist durch die Finanzverwaltung nicht zu bewältigen.[332] Fraglich ist, ob die Aufwendungen für die Erfassung der Besteuerungsgrundlagen in einem angemessenen Verhältnis

[329] Ifo Institut, siehe unter Gliederungspunkt B. II. 3., S. 43 f.
[330] siehe unter Gliederungspunkt B. II. 5., S. 46 f.
[331] Zentraler Kreditausschuss, siehe unter Gliederungspunkt B. II. 3., S. 38.
[332] Unternehmensgrün, siehe unter Gliederungspunkt B. II. 3., S. 39.

zum angestrebten Steueraufkommen stehen.[333] Grundlegendes Ziel sollte eine Vereinfachung der Verwaltung sein. Da Kontrollmitteilungen eine erhöhte Mehrarbeit für die Verwaltung darstellt, ist anzunehmen, dass damit nur eine mittelmäßige Effizienz erreicht wird. Die Datensammlung durch Rechner gestützte Systeme könnte als Gegenargument in Bezug auf die Verwaltungsmehraufwendungen[334] zur Geltung kommen. Dem steht aber die Auswertung gegenüber. Die Daten, die gespeichert werden, müssen durch Sachbearbeiter manuell bearbeitet werden. Dies hat zur Folge, dass Unmengen an Papier und Verwaltungsakten sich weiter anhäufen, die wiederum aufbewahrt und verwaltet werden müssen.[335]

In dem Zusammenhang muss nach einer ausreichenden qualifizierten Personalausstattung gefragt werden. Beginnend bei der Datenspeicherung und -auswertung, über Sachbearbeiter, die die Kontrollmitteilungen bearbeiten, bis hin zum Hilfspersonal, die für die Aktenaufbewahrung, -lagerung und -bereitstellung verantwortlich sind.
Daneben besteht das Problem der 16 verschiedenen Datenverarbeitungssysteme.[336] Unterschiedliche Datenverarbeitungssysteme bedeuten Nichtkompatibilität unter den Finanzbehörden. Sollte es möglich sein, dass der Austausch von Daten unter den einzelnen Finanzbehörden reibungslos funktioniert, so bedeutet dies bei Errichtung einer sog. zentralen Kontenevidenzzentrale, dass dieses System die Daten der unterschiedlichen Ländersysteme erkennen muss. Zur Lösung dieses Problems gibt es zwei Möglichkeiten. Der erste Ansatz ist in einem Update der vorhandenen Software aller Systeme zu sehen. Besteht dafür keine Realisierungsmöglichkeit, so ist die Notwendigkeit einer neuen kompatiblen Spezialsoftware gegeben. Hinderungsgründe stellen sich derart dar, dass dieses Vorhaben nicht innerhalb kürzester Zeit umsetzbar ist, als auch in der derzeitigen Haushaltsschwäche des Bundes nicht finanzierbar ist. Die Anforderungen für die neue Software wären sehr hoch. Nicht nur den Finanzbehörden gerecht werdende, sondern auch den datenschutzrechtlichen Bestimmungen und zivilen

---

[333] CDU/CSU, siehe unter Gliederungspunkt B. II. 1., S. 33.
[334] Schön, siehe unter Gliederungspunkt B. II. 2., S. 36.
[335] Bundesverband der Freien Berufe, siehe unter Gliederungspunkt B. II. 3., S. 42.
[336] CDU/CSU, siehe unter Gliederungspunkt B. II. 1., S. 33.

Anforderungen (Verschlüsselungstechnik etc.) müsste Rechnung getragen werden.

Zusätzlich würde sich in Deutschland ein weiteres Problem ergeben. Es existiert kein eindeutiges Identifizierungsmerkmal für den Datenaustausch zwischen Bank und Finanzamt. In Dänemark, Frankreich, Schweden und Spanien gibt es dagegen eine Finanzkennziffer, die einem jeden Bürger zugeordnet wird. In den USA wird die Sozialversicherungsnummer als Kennziffer verwendet.[337]
Die Vergabe eines Zuordnungsmerkmales ist in Deutschland nicht möglich, weil die Angabe dieses oder eines ähnlichen unveränderlichen Identifizierungskriteriums bei der Kontoeröffnung in Deutschland nicht vorgesehen ist. Solange ein solches individuelles Zuordnungskriterium in Deutschland fehlt, ist ein System flächendeckender Mitteilungen nicht durchführbar, da es zwangsläufig zu weitreichenden Zuordnungsproblemen kommen würde.

Grundlegend scheitert ein umfassendes Kontrollmitteilungssystem an erheblichen Schwierigkeiten bei der verwaltungstechnischen Umsetzung.[338]
Den erforderlichen Mehraufwand hat die Zinskommission unter Annahme eines „minimierten" Prüfverfahrens in folgender Modellrechnung[339] deutlich gemacht: „In der Bundesrepublik werden mehr als 300 Mio. Konten geführt (einschließlich Bausparkassen), auf denen steuerpflichtige Kapitalerträge entstehen. Würde man jährlich nur 1 bis 2% der Konten einer Stichprobe unterziehen, so entfielen auf jedes der ca. 556 Finanzämter (ohne neue Länder) rund 6.000 bis 12.000 Kontrollmitteilungen. Bei einem Stichprobenverfahren nach Buchstaben werden auf das einzelne Finanzamt jährlich sogar bis zu 30.000 Kontrollmitteilungen entfallen. Unterstellt man, dass deren Bearbeitung je Finanzamt drei neue Arbeitskräfte erfordert, so würden insgesamt allein bei den Finanzämtern mehr als 1.600 zusätzliche Arbeitskräfte eingestellt werden müssen. Geht man alternativ von zwei Kontrollmitteilungen je Steuerpflichtigen aus, ergibt sich sogar ein Mehrbedarf von 2.700 Arbeitskräften."

---

[337] Hoppe, Das Erhebungsdefizit, S. 32.
[338] vgl. Zinskommission Bericht, S. 32 ff.
[339] Zinskommission Bericht, S. 36.

Angesichts dieser Beispielrechnung ist die Umsetzung eines flächendeckenden Kontrollverfahrens bei aktuell 691 Finanzämtern[340] und in Zeiten knapper Haushaltskassen[341] nicht durchführbar.

### b) Das Kreditinstitut

Durch die Einführung eines Mitteilungsverfahrens kämen hohe administrative Lasten auf die Kreditwirtschaft zu. Bei einer gesetzlichen Verpflichtung dürften die Kreditinstitute den Kunden hierfür kein gesondertes Entgelt in Rechnung stellen.[342] Ferner wäre zu berücksichtigen, dass die für die Erstellung zusammenfassender Jahresbescheinigungen erforderlichen Verknüpfungen der Daten des Sparbereichs mit den Daten aus dem Depotbereich technisch mittelfristig nicht möglich sind, da Banken ihre Wertpapierabwicklung zum Teil nicht selbst durchführen.[343] Dennoch drängt sich die Frage nach Kostenerstattung für Arbeits- und Zeitaufwand für die Bearbeitung der umfangreichen Nachforschungen zur Sachverhaltsaufklärung auf.[344] Zur Beantwortung dieser Frage bedarf es weiterer bankbetriebswirtschaftlicher Untersuchungen und gegebenenfalls einer Genehmigung seitens des Staates, zur Erhebung einer Gebühr für eine kostendeckende Umlage auf den Kunden.

Das bereits angesprochene Softwareproblem bei den Finanzbehörden gilt ebenso für den Datenaustausch zwischen Banken und Finanzbehörden. Nach Lösung des Softwareproblems zwischen den Finanzämtern und dem BMF, wäre bei einem rechnergestützten Mitteilungsverfahren die Aufgabe der Kompatibilität zu lösen. Lösungsmöglichkeiten ergeben sich ebenso durch Softwareupdates oder eine Neuprogrammierung von Spezialsoftware. Die Langwierigkeit der Umsetzung und eine fragliche finanzielle Realisierung lassen eine praktikable Lösung

---

[340] http://bffweb1.bff-online.de/cgi-bin/fadat.xls, Stand: 10.10.2003.
[341] dazu Monatsbericht des BMF Mai 2003, http://www.bundesfinanzministerium.de/Anlage18553/Monatsbericht_BMF_0503_gesamt.pdf, Stand: 10.06.2003 sowie Quotendarstellung, http://www.bundesfinanzministerium.de/Anlage18512/Quoten-als-wichtige-gesamtwirtschaftliche-Groessen.pdf, Stand: 10.06.2003.
[342] ZKA, siehe unter Gliederungspunkt B. II. 3., S. 39 f.
[343] http://www.zentraler-kreditausschuss.de/upload/1039101422.16-IV-Anl1.pdf, Stand: 10.08.2003.
[344] Siehe unter Gliederungspunkt B. II. 5., S. 46 ff.

als gering erscheinen. Sollte es zu einer flächendeckenden Datenübermittlung kommen, wäre zu überlegen welche konkreten Daten übermittelt werden müssten.

Bereits die Vielfältigkeit der gegebenen Ertragsaufstellungsbescheinigungen seitens der Banken erschweren den Abgleich. Denkbar wäre in diesem Zusammenhang ein einheitliches amtliches Muster[345] zur Verfahrensvereinfachung.

Eine wesentliche Rolle spielt das Bankgeheimnis im Rahmen der Organisation des Bankbetriebes. Dabei gilt es, das gesamte Personal neu zu schulen und auf die besondere Situation hinzuweisen. In Abgrenzung zum weiter bestehen bleibenden zivilrechtlichen Bankgeheimnis sind die Mitarbeiter zur Einhaltung weiter zu verpflichten, um den Arbeitsablauf zur Einhaltung des Bankgeheimnisses zu garantieren. Fragen der räumlichen Gliederung, der Regelungen von Informationsströmen sowie des Zugriffs auf Akten und Datenbanken unter dem Aspekt von Kontrollmitteilungen und der Aufhebung des § 30 a AO zählen zur vielfältigen Aufgabenstellung der Organisation in Sachen Bankgeheimnis.
Zugleich wäre eine Schulung des Servicepersonals externer Firmen ausgegliederter Bankbereiche zur veränderten Sach- und Rechtslage nötig.
Daran anschließend ist die ,Informations'-Aufgabe der Bank von nicht zu unterschätzender Relevanz. Hier eröffnet sich ein breites Betätigungsfeld für eine Informationstätigkeit der Banken im Sinne einer Public-Relations-Aufgabe. Es gilt verstärkt, den einzelnen Kunden über seine Rechte und deren Beschränkung durch neue gesetzliche Entwicklungen, eindeutig zu informieren. Weiß der Kunde über die bestehende Rechtslage Bescheid, vermögen ihn auch Sensationsberichte der Presse nicht zu überraschen und zu übereilten Schritten zu veranlassen.

### c) Der Bürger

Die Einführung eines Kontrollverfahrens wäre für den Bürger nicht direkt belastend, da er insoweit nicht mit dem Meldeverfahren unmittelbar in Berührung kommen würde. Trotzdem stünde die Aufhebung des Bankgeheimnisses im di-

---

[345] Deutsche Steuer-Gewerkschaft, siehe unter Gliederungspunkt B. II. 3., S. 39 f.

rekten Zusammenhang mit dem Bürger. Der Bürger, dessen Geschäftsbeziehung zum Kreditinstitut durch das Bestehen des Bankgeheimnisses fortbestand, würde durch eine Aufhebung beeinträchtigt. Die Entscheidungsfindung des Bürgers über die Handhabung und weitere Verwendung seines Geldes wird im Wesentlichen davon bestimmt.
Die Wahl der Mittelverwendung zwischen totaler Kontrolle beim Kreditinstitut oder Eigenkontrolle, i.S.v. Barmittelverwendung (Tafelgeschäfte), könnte ausschlaggebend beim Zulauf der Banken sein.
Wie anfänglich erwähnt, besteht durch das System der Kontrollverfahren für den Bürger keine unmittelbare Benachteiligung. Dennoch wäre es von Vorteil, die Situation für den Bürger weiter zu verbessern oder zu vereinfachen. Bisher erklärt der Bürger seine Zinseinkünfte und Erträge im Rahmen der Einkommenssteuerveranlagung am Ende des laufenden Jahres, um darüber diese zu versteuern. Wird die Steuererklärung mit Hilfe eines Steuerberaters veranlagt, so entstehen für den Bürger reale Kosten. Im Falle der Selbstveranlagung, ohne zu Hilfenahme eines Steuerexperten, beansprucht diese Arbeit sowohl ein gewisses Maß an Fach- und Sachverstand als auch einen gewissen Zeitaufwand. Dieser Zeitaufwand, der im betriebswirtschaftlichen Sinn eine Arbeitsleistung darstellt, für den der Staat jedoch keine anrechenbare Größe bei der Bemessung des Bruttosozialproduktes erklärt, könnte eingespart werden.

Käme es zur Einführung einer pauschalen Abgeltungssteuer auf Zinserträge, so könnten die beanspruchte Zeit und die daraus fiktiv errechneten Kosten eingespart werden, da die Veranlagung der Zinserträge im Rahmen der Einkommenssteuererklärung erlässlich wird. Die Abführung der Steuer auf Zinserträge durch das Kreditinstitut entlastet den Bürger. Einerseits würde der Bürger die anteiligen Kosten für die Veranlagung der Zinserträge des Steuerberaters, andererseits könnte er bei Selbstveranlagung die fiktiven Kosten der Arbeitszeit und der nötigen Materialkosten (Stifte, Fachliteratur) einsparen.
Diese Vereinfachung wäre dergestalt vorteilhaft, dass der Bürger das ihm nach Abzug der Steuer real verbleibende Geld in der gewonnenen Zeit der Nichtveranlagung für andere Aktivitäten nutzen könnte. Beispielsweise könnte er das Geld in der freien Zeit für den Konsum neuer Güter verwenden, um so wieder einen kleinen Beitrag für die Gesamtwirtschaft getan zu haben.

Im Falle einer Zinsertragsbesteuerung durch eine Pauschalsteuer hat die Höhe der Steuer weitere Auswirkungen auf den Bürger. Eine hohe Pauschalsteuer bewirkt nicht nur die Unattraktivität der verschiedenen Anlageformen sondern schmälert außerdem den Gewinn aus Kapitalvermögen. Ein niedriger Pauschalsatz bewirkt umgekehrt eine hohe Attraktivität der Anlageformen sowie einen höheren Gewinn. Zwischen Einkommenshöhe (unter diesem Aspekt ist der Gewinn aus Kapitalvermögen gemeint), Sparen und Konsum bestehen enge Wechselwirkungen. Die prozentuale Veränderung des Einkommens und die dadurch ausgelöste prozentuale Veränderung der Nachfrage nach einem Gut wird in der sogenannten Einkommenselastizität der Nachfrage beschrieben. Ändert sich die Gewinnsteigerung um 10 % und folgend die Nachfrage nach einem Gut ebenfalls um 10 %, so ist die Einkommenselastizität gleich 1. Grundsätzlich kann ein Bürger nur so viel Geld ausgeben, wie ihm an Einkommen (Kapitalerträgen) zufließt. Folglich stellt dies die oberste Grenze für seine Ausgabemöglichkeiten dar (Schuldenaufnahme und Kapitalverzehr von Ersparnissen werden dabei nicht berücksichtigt). In politisch unruhigen Zeiten verstärkt sich der Hang zum Verbrauch, während anhaltende Perioden politischer Ruhe zum Sparen anregen. Eine genaue Bezifferung des Ersparten oder der zusätzlich konsumierten Güter ist unzweifelhaft vom Einkommen (Ertrag aus Kapitalvermögen) und somit vom Pauschalbesteuerungssatz abhängig.

### 4. Volkswirtschaftlich

Eine der wesentlichsten Funktionen eines modernen Kreditapparates ist die einer Sammelstelle von Kassenüberschüssen der Haushalte und Unternehmungen oder allgemein der „Ersparnisse einer Volkswirtschaft“.[346] Soll der Kreditapparat funktionieren, so muss er auf die Vorstellungen und Interessen der Kapitalgeber, demnach der Bevölkerung, Rücksicht nehmen. Eine hohe Sparneigung ist für den Bürger darin begründet, die für ihn ungewisse und unsichere Zukunft zu bewältigen, um sich eine gewisse Unabhängigkeit zu verschaffen. Charakteristisch dabei ist, dass der Zugriff auf diese Mittel ihm allein möglich ist, er die

[346] Achleitner, Das Bankgeheimnis, S. 65.

Staatsgewalt also ausschließen kann, und dass nur er über diese Dinge Bescheid weiß und die Kreditunternehmung ihre Informationen darüber nicht preisgibt. Müsste er befürchten, dass seine Geheimsphäre durch die Banken nicht gewahrt bliebe, so wird vermutet, dass die Gelder keinem Kreditinstitut anvertraut werden. Dadurch würde dem Wirtschaftskreislauf das Geld entzogen werden. Erhält in Abhängigkeit die Kreditwirtschaft nicht genügend Gelder, kann sie ihrer Funktion der Versorgung der Volkswirtschaft mit dem benötigten Kapital nicht gerecht werden.[347]
Die Eigenmittel moderner Kreditinstitute genügen aufgrund der in den letzten Jahren stärker gestiegenen Risiken und vernachlässigten Betrachtungen gewährter Kredite nicht mehr, um die Kapitalversorgung einer Volkswirtschaft zu gewährleisten.

Daher sollen die Banken eine Mindestkapitalreserve[348] von 8% aufweisen.[349] Zur Erfüllung ihrer Aufgaben sind die Banken entscheidend von Fremdkapital abhängig. Dessen Zufluss hängt im Wesentlichen vom Vertrauensverhältnis zwischen Kapitalgebern und Banken ab. Davon betroffen ist nicht nur der Sparbereich sondern auch der Giroverkehr, der ebenso auf dem Vertrauen in die Geheimhaltung der geschäftlichen Transaktionen beruht. Persönlich aufbewahrtes Bargeld, das in bar zu leistende Zahlungen bedingt, trägt in Bezug auf seine Verwendung einen unbestimmten Charakter. Volkswirtschaftlich ist dieses gehortete Bargeld unerwünscht.[350]

[347] Die Versorgung der Volkswirtschaft und Zahlungsbereitschaft ist durch § 11 S. 1 KWG vorgeschrieben.
[348] Jungmichel, WM 2003, S. 1202, 1209.
[349] Infolge des weltweiten Konkurrenzdrucks wurde Mitte der 80-er Jahre die Eigenmittelaustattung der größeren Banken bedrohlich niedriger. Der Baseler Ausschuss für Bankenaufsicht, gegründet 1975, vertreten durch Belgien, Deutschland, Frankreich, Großbritannien, Italien, Japan, Kanada, Luxemburg, Niederlande, Schweden, Schweiz, Spanien und die USA, gab 1988 eine Eigenkapitalempfehlung für die international tätigen Banken der G10-Staaten heraus (G10 ist das 1962 gegründete Forum der zehn führenden Industrienationen der Welt; mittlerweile elf). Inzwischen wurde die Eigenkapitalvereinbarung durch mehr als hundert Länder übernommen. Die weltweit geltenden Regeln beeinflussten auch EU-Regelungen, wovon nachfolgend Vorschriften auf nationaler Ebene bestimmt sind. Die Angemessenheit der Eigenmittel ist in § 10 Abs. 1 S. 2 KWG i.V.m. § 2 Abs. 2 S. 1 der Grundsätze über Eigenmittel und Liquidität festgesetzt.
[350] Achleitner, Das Bankgeheimnis, S. 67.

In Fortsetzung der Vertrauensstörung zwischen Kunde und Bank und einer erhöhten Bargeldaufbewahrung kann es zu Kapitalfluchtbewegungen ins Ausland kommen. Bei der Kapitalfluchtbewegung ist zwischen verschiedenen Betrachtungsweisen zu unterscheiden. Einerseits kann eine Kapitalflucht durch die Inakzeptanz des Bürgers mit einem Kontrollsystem und der Aufhebung des § 30 a AO zu begründen sein. Dies könnte an der psychologisch bedingten Tatsache liegen, sich nahezu vollkommen finanziell offenbaren zu müssen. Andererseits kann die Kapitalflucht durch eine zu hohe Besteuerung im Inland und Attraktivität der Finanzanlagen im Ausland gekennzeichnet sein.

Kommt es in Folge der Aufhebung des Bankgeheimnisses zu einer einsetzenden Kapitalflucht, kann es auch zu einer negativen Veränderung am Kapitalmarkt kommen. Beispielsweise würde das Ansehen der Anlageform „Aktie" leiden.

Sinkt zunehmend die Attraktivität der Aktien auf dem deutschen Kapitalmarkt, so hat dies signifikante Liquiditätseinbußen am deutschen Aktienmarkt zur Folge. Aus gesamtwirtschaftlicher Sicht wäre dies negativ, da der Kapitalmarkt zwei wichtige Funktionen einer Volkswirtschaft erfüllt. Die Steigerung der Kapitalproduktivität (als Motor für Wachstum und Beschäftigung) sowie die Rolle bei der Stärkung der privaten Altersvorsorge.[351] Bislang beruht das System der Alterssicherung in Deutschland darauf, dass Renten und Pensionen weit überwiegend über Umlagen aus dem laufenden Einkommen der arbeitenden Generation finanziert werden. Ab ca. dem Jahr 2030 steigt der Anteil der Rentner[352] dramatisch an. Ungewiss bleibt, inwieweit das Rentensystem durch private Ersparnisbildung zur Altersvorsorge ergänzt werden kann. Ein durch diese Ersparnisse finanzierter Bestand an Realkapital zur Finanzierung der Vorsorge im Alter kann das Umlagesystem entlasten, so dass die Folgen der demografischen Verschiebung weniger stark ausfallen.[353] Ob eine Ergänzung des Umlagesystems erfolgreich ist, hängt davon ab, wie die Kapitalerträge dieser Ersparnisbildung besteuert werden.

[351] Deutsche Börse AG, siehe unter Gliederungspunkt B. II. 3., S. 42 f.
[352] v. Rosen, Aktien – Altersvorsorge, S. 25.
[353] Donges, Abgeltungssteuer bei Kapitaleinkommen, S. 10.

*Hoppe*[354] untersucht anhand verschiedener wissenschaftlicher Analysen die Auswirkungen vor und nach Einführung des Zinsabschlages in Deutschland. Er kommt zu dem Ergebnis, dass die Kapitalflucht keine negativen Folgen für den deutschen Kapitalmarkt haben muss.
Weiterführend beschreibt er in dem von ihm übernommenen Beispiel die daraus resultierenden Steuerausfälle und beziffert diese für den Zeitraum 1992/93 auf 1,25 Mrd. DM. Neuere Schätzungen, so führt er aus, beziffern einen Schaden von 12 Mrd. DM jährlich. Zusammenfassend stellt er fest, obschon die Kapitalflucht keinen nachteiligen Effekt auf den Kapitalmarkt und das Zinsniveau in Deutschland hat, da ein ebenso starker Kapitalrückfluss zu verzeichnen ist, kann dennoch ein erheblicher Steuerausfall, als nachteilige Auswirkung der Kapitalflucht, festgestellt werden.
Dem ist entgegenzusetzen, dass Steuerausfälle volkswirtschaftliche Auswirkungen nach sich ziehen. Insoweit besteht ein mittelbarer Zusammenhang zur Kapitalflucht. Steuerausfälle bedeuten für den Staat, um die Nettoinvestitionen auf gleich bleibendem Niveau zu halten, eine Erhöhung der Neuverschuldung und somit der Gesamtstaatsverschuldung oder eine Erhöhung der Steuern. „Die Auswirkungen einer erhöhten Staatsverschuldung des Inlandes werden durch eine hohe internationale Kapitalmobilität auf andere Länder übertragen. Die Effekte im Inland werden durch die internationale Integration gedämpft. Auch in den anderen Ländern sinken kurz- und langfristig die Kapitalbildung und die Marktlöhne. Die Steuern steigen aufgrund einer Zunahme der öffentlichen Finanzierungslast infolge des Zinsanstieges. Es resultiert kurz- und langfristig eine Passivierung der Leistungsbilanz und eine Verschlechterung der Nettoauslandsposition des Inlandes.“[355]
Angesichts der hohen Verschuldung der öffentlichen Hand[356] (Bund, Länder, Gemeinden), ist anzunehmen, dass der Vorteil des Steuergläubigers, der durch konsequente Erfassung der Zinsen aus noch im Inland verbliebener Gelder entsteht, erheblich reduziert wird und sich möglicherweise ins Gegenteil verkehrt.[357] Durch zusätzlichen Verwaltungsaufwand und Mehrsteuern erhöht sich die Staatsquote, allerdings führen dann etwaige Steuermehreinnahmen zu Steu-

[354] Hoppe, Das Erhebungsdefizit, S. 87 ff.
[355] Wellisch, Finanzwissenschaft III – Staatsverschuldung, S. 57.
[356] http://www.staatsverschuldung.de, Stand: 05.10.2003.
[357] Siehe unter Gliederungspunkt B. II. 5., S. 46 ff.

ermindereinnahmen.[358] Die bescheidenen Vorteile die eine Aufhebung des Bankgeheimnisses bringen würden, stünden sodann in keinem Verhältnis zur schweren Schädigung der deutschen Volkswirtschaft.[359]

Zusammenfassend ist festzuhalten, dass die Aufhebung des Bankgeheimnisses bei gleichzeitiger Einführung von flächendeckenden Kontrollmitteilungen keine unmittelbaren Auswirkungen auf die Volkswirtschaft hätte. Hingegen sind mittelbare Auswirkungen auf die Volkswirtschaft festzustellen, deren Gründe in zusammenhängenden Wirtschaftsprozessen zu sehen sind. Deren Bedeutung sollte deshalb nicht außer Acht gelassen werden. Die nicht verkennbare Situation der Abhängigkeit des Staates vom Akteur „Bürger", im speziellen dessen Wille und Fähigkeit, Geld im Inland zu belassen, sollte der entscheidende Anstoß für eine Verbesserung der Rahmenbedingungen sein.

**5. Exkurs: Psychologisch**

Die geplante Aufhebung des Bankgeheimnisses (§ 30 a AO) und die Einführung eines umfassenden Kontrollmitteilungssystems birgt die Gefahr des psychologischen Moments. Zu fragen wäre, ob Vertrauen[360] zerstört wird.[361] Zweifelsohne sind Kontrollmittelungen als belastender Eingriff beim Bürger zu qualifizieren. Daraus resultierend, zerstören Kontrollmitteilungen die bestehenden Vertrauensverhältnisse zwischen Bürger und Kreditinstitut[362], Bürger und Staat sowie das Verhältnis zwischen Kreditinstitut und Staat. Die Kapitalbereitstellung der Sparer und die damit einhergehende langfristige Bindung bedingen diese besondere Vertrauensempfindlichkeit der Kreditwirtschaft.[363]

Eine deutliche Herabsetzung der Akzeptanz des Staates wäre die Folge. Prinzipiell ist festzuhalten, dass nicht nur die Fähigkeit, sondern auch der Wille und

[358] Arbeitsgemeinschaft Deutscher Waldbesitzer, siehe unter Gliederungspunkt B. II. 3., S. 41.
[359] Sichtermann, Bankgeheimnis und Bankauskunft, S. 77 ff.
[360] Bundessteuerberaterkammer, siehe unter Gliederungspunkt B. II. 3., S. 40.
[361] Institut Finanzen und Steuern, siehe unter Gliederungspunkt B. II. 3., S. 40 f.
[362] Däke, siehe unter Gliederungspunkt B. II. 2., S. 34 f.
[363] siehe unter Gliederungspunkt B. II. 5., S. 46 ff.

die Absicht, Steuern zu zahlen, einen enormen Einfluss darauf haben, ob der Umgang mit dem Staat zufrieden stellend ist.[364]

Bei einer Einführung von Kontrollen besteht die Gefahr weiterer Ausweichreaktionen. Ein „Mehr“ an Kontrolle führt nicht zwingend zu einem „Mehr“ an Steuerehrlichkeit.[365] Nur wenn alle Bürger ihre Steuern zahlten, würde das System der Kontrollen und der Steuern akzeptiert.[366] Ob mit den geplanten Schritten alle Bürger zum Steuern zahlen „freiwillig verpflichtet“ werden können, bleibt abzuwarten.

Rückwirkende Gesetzesverabschiedungen sind ebenso als kritisch zu werten. Daraus ergibt sich für den Bürger oder Investor, dass kein Mindestmaß an Rechtssicherheit gegeben ist.[367] Der Bürger vertraut auf die Rechtslage im Zeitpunkt der Vornahme der konkreten Handlung, nicht auf die zeitlichen Grenzen des Steuertatbestandes und des Veranlagungszeitraumes.[368] Anknüpfend kommt es zu einer Rückwirkungsproblematik. Diese ist darin zu sehen, dass das Finanzamt Nachforschungen über die Vergangenheit von Zinserträgen und die Herkunft des Kapitals anstellt. Dadurch käme es zu einer Kriminalisierung des Bürgers.[369]

Die Aufhebung des § 30 a AO ist ein weiterer Schritt zum „Schnüffelstaat“[370], der nicht mit dem Grundgedanken einer rechtstaatlich demokratischen Verfassung konform geht. Folglich birgt die Sammlung des Kontrollmaterials die Gefahr des „gläsernen Steuerbürgers“ in sich. Dem redlichen Steuerbürger droht die Gefahr der Totalüberwachung.

Im Gegensatz dazu soll der Steuerflüchtling mit seinem Fluchtkapital Straffreiheit, Amnestie und Verfolgungsverbot für die Nichterklärung von Besteuerungsgrundlagen erhalten. Eine derartige pauschale Amnestierung jeglicher Art

[364] Institut Finanzen und Steuern, siehe unter Gliederungspunkt B. II. 3., S. 40 f.
[365] Zentraler Kreditausschuss, siehe unter Gliederungspunkt B. II. 3., S. 38.
[366] Ondracek, siehe unter Gliederungspunkt B. II. 2., S. 34.
[367] AmCham Germany, siehe unter Gliederungspunkt B. II. 3., S. 41.
[368] Hahn, Zur Rückwirkung, S.73.
[369] Siehe Gliederungspunkt B. III. 1., S. 51 ff.
[370] Präsidium des Bundes der Steuerzahler, siehe unter Gliederungspunkt B. II. 3., S. 40.

ist strafrechtlich unverantwortlich. Das allgemeine Rechtsbewusstsein würde aufs Schwerste korrumpiert werden. Der Gesetzgeber klassifiziert gem. § 370 a AO die Steuerhinterziehung unter bestimmten Modalitäten zum Verbrechen. Gleichzeitig werden als Verbrechen zu bewertende Delikte – in der Vergangenheit begangen – für straflos erklärt, sofern der Täter eine ermäßigte Steuer nachzahlt. Daher kann und darf nicht erwartet werden, dass die Bevölkerung die Steuerhinterziehung als ein strafwürdiges Verhalten ernst nehmen wird. Der Gesetzgeber bestätigt vielmehr, dass es sich bei der Steuerhinterziehung um ein „Kavaliersdelikt" handele, bei dem die Strafe nur wegen Dummheit verhängt werde, weil der Täter nicht geschickt genug war, seine Tat zu verbergen.[371] Steuerhinterziehung stellt sich somit als Delikt mit geringem Unrechtsbewusstsein dar, welche über keine moralische Instanz und über kein aktives Gewissen verfügt. Erst durch den willentlichen Vernunftsakt kommt der Bürger zum Ergebnis, es sei wohl richtig, Steuern zu zahlen.[372]
Unter diesen psychologischen Auswirkungen kann festgestellt werden, dass ein Kontrollmitteilungssystem und die Aufweichung des Bankgeheimnisses dem Finanzplatz Deutschland schaden würde, da in Ermangelung der nicht berücksichtigten Bedürfnisse des Finanzsystems die Kapitalbildung, die Investitionsneigung und schließlich das Wirtschaftswachstum gebremst werden.[373] Dabei ist nicht zu verkennen, dass der internationale Ruf und die Wettbewerbsfähigkeit beeinträchtigt wird.[374]

## IV. Ausblick

### 1. Ansatz der Regierung – Steueramnestie

Schon lange sah sich der Staat mit dem Problem steuerunehrlicher Bürger konfrontiert. Überblickt man die bisher in Deutschland erlassenen Steueramnestien[375], so wird deutlich, dass der Versuch, den Steuerunehrlichen einen Weg in

[371] Reiß, Stellungnahme per email vom 22.08.2003.
[372] Streck, WM 1999, S. 719, 722.
[373] CDU/CSU, siehe unter Gliederungspunkt B. II. 1., S. 33.
[374] FDP, siehe unter Gliederungspunkt B. II. 1., S. 33 f.
[375] Thomsen, Das Amnestiegesetz aus steuerstrafrechtlicher Sicht, S. 6 ff.

die Legalität zu öffnen, aus Sicht des Staates oft nur in unzulänglichem Maße durch die Strafandrohungen der verschiedenen Steuergesetze gelungen ist.[376] Erneut wird der Versuch unternommen, bereits abgeflossenes Geld durch eine Amnestierung nach Deutschland zurückzuholen. Die Bundesregierung hat, einem Referentenentwurf vom 17. März 2003 folgend, am 18. Juni 2003 den „Entwurf eines Gesetzes zur Förderung der Steuerehrlichkeit" beschlossen (sog. „Steueramnestie").[377] Es sieht eine Amnestierung für alle vor, die ihre Einnahmen aus den Jahren 1993 bis 2001 beim Finanzamt falsch angegeben haben. Dem Gesetzentwurf nach sollen die Steuerflüchtigen bis zum 31.März 2005 die Möglichkeit erhalten, ihre Steuerschuld straffrei zu begleichen. Eine Bestrafung von Straftaten gem. § 370 AO (Steuerhinterziehung), § 370 a AO (gewerbsmäßige oder bandenmäßige Steuerhinterziehung) bzw. eine Ahndung von Steuerordnungswidrigkeiten gem. § 378 AO (Leichtfertige Steuerverkürzung), § 379 AO (Steuergefährdung) und § 380 AO (Gefährdung der Abzugssteuern) entfällt.[378]

Anschließend will die Bundesregierung die Überprüfungsmöglichkeiten der Finanzverwaltung weiter verbessern, um Steuerhinterziehungen in der Zukunft deutlich zu erschweren. Ergänzt werden soll der Regierungsentwurf durch Maßnahmen der sogenannten EU-Zinsrichtlinie, die kurzfristig in nationales Recht umgewandelt wird und 2005 in Kraft treten soll.[379]
Zu diesem Vorhaben erörterte *Salditt*[380] Eckpunkte der Amnestierung und warnte vor „schrecklichen Fallen" für den Bürger. Steuerunehrlichkeit werde durch das „Amnestieprojekt" für die Vergangenheit belohnt und für die Zukunft popularisiert. Er fordert von den Politikern, die Möglichkeiten der Selbstanzeige zu verbessern.[381] Überdies muss mit der Erklärung eine Aufteilung des nach gemeldeten Betrages nach Steuerarten und Zeiträumen erfolgen, da sonst über

---

[376] Thomsen, Das Amnestiegesetz aus steuerstrafrechtlicher Sicht, S. 27.
[377] http://www.roelfspartner.de/de/wp/informationspool/ud/steueramnestie.htm, Stand: 05.11.2003.
[378] http://www.bundesfinanzministerium.de/Anlage18937/Entwurf-eines-Gesetzes-zur-Foerderung-der-Steuerehrlichkeit-Version-fuer-Acrobat-Reader-5.0.pdf, Stand: 10.11.2003.
[379] http://www.roelfspartner.de/de/wp/informationspool/ud/files/steueramnestie_08-07-03.pdf?Gesetzesentwurf%20Steueramnestie, Stand: 05.11.2003.
[380] anlässlich des 26. Deutschen Steuerberatertag in Erfurt am 28. Oktober 2003.
[381] -jja-, FAZ, 29.10.2003, S. 25.

Jahre hinweg die Aufdeckung unbekannter Steuerfälle (§ 208 Abs. 1 Nr. 3 AO) erschwert oder gar unmöglich gemacht wird.[382]

Zugleich hat das Institut „Finanzen und Steuern" Bonn eine Untersuchung veröffentlicht (IFSt-Schrift 410: Verfassungsrechtliche Voraussetzungen einer Steueramnestie im Rahmen der Neuordnung der Zinsbesteuerung). Das zur Zeit vom Bundestag beratene Amnestiegesetz wird darin wie folgt beurteilt:[383]

Trotz der vorgesehenen befristeten Besserstellung der Steuerunehrlichen verstößt die geplante Regelung nicht gegen den Gleichheitssatz (Art. 3 GG). Die Aussicht auf Steuermehreinnahmen und Kapitalrückfluss sind gewichtige fiskalische und volkswirtschaftliche Gründe für die Amnestierung. Zweifelhaft bleibt, ob die Amnestierung noch mit dem Rechtsstaatsprinzip in Form des Gewaltenteilungsgrundsatzes (Art. 20 GG) im Einklang steht. Der Grundsatz wird im Kern verletzt, wenn der Gesetzgeber für eine Gruppe von Bürgern die Gültigkeit generell ergangener Gesetze nach Belieben aufhebt. Aus rechtsstaatlichen Gründen muss eine Amnestierung auf die rechtspolitische Bewältigung von Ausnahmesituationen beschränkt bleiben. Infolge des Erhebungsdefizits[384] befindet sich die deutsche Zinsbesteuerung in einer Ausnahmesituation. Da aber die zeitnahe Bewältigung sowie die legislative Bereinigung dieser Ausnahmesituation aussteht, wäre eine umfassende Reform der Zinsbesteuerung nötig. Die Umsetzung der EU-Zinsrichtlinie reicht hierfür nicht aus. Bei Bezug von Zinsen aus Luxemburg, Österreich und Belgien soll eine Quellensteuer erhoben werden. Dies führt indessen nicht zu einer gleichen Besteuerung von Steuerehrlichen und Steuerunehrlichen. Außerdem werden Zinsen, die Inländer im Inland erhalten, nicht erfasst. Beide Probleme könnten durch eine Zinsabgeltungssteuer gelöst werden. Ihre Einführung sollte deshalb schon jetzt, parallel zur Amnestie, in Angriff genommen werden.[385]

---

[382] Joecks, DStR 2003, S. 1421.

[383] http://www.gallileus.info/gallileus/disciplines/RechtsWi/OEffentlichesRe/ toptopics/Steueramnestie/, Stand: 17.10.2003.

[384] siehe unter Fußnote 341.

[385] Düll, Verfassungsrechtliche Voraussetzungen einer Steueramnestie, S. 2 ff.

Inwieweit diese Amnestie Erfolg hat, ist zweifelhaft. Die meisten Amnestien scheinen gescheitert zu sein, weil der Staat nicht die Mittel oder nicht den nachdrücklichen Willen hatte, die Steuererhebung nach der Steueramnestie zu verstärken. Im Ergebnis sind nur einmalige Steuermehreinnahmen zu verzeichnen, aber keine dauerhaften Wirkungen.[386]

### 2. Weitere Ansätze

#### a) Abgeltungssteuer[387]

Als so genannte Abgeltungssteuern werden Quellensteuern bezeichnet, mit der die Steueransprüche des Staates gänzlich erlöschen, da durch die Einbehaltung der Steuer die Steuerschuld des Steuerpflichtigen komplett abgegolten wird.[388] Bisher unterliegen Zinserträge i. S. des § 20 Abs. 1 Nr. 7 Satz 1 EStG dem individuellen Steuersatz des Kapitalanlegers. Die derzeitige Besteuerungspraxis sowie die vorgeschlagene definitive Quellensteuer mit hohen Freibeträgen führten nicht nur zu einem Steuerausfall, sondern stellt darüber hinaus eine volkswirtschaftlich unerwünschte Bevorzugung der betreffenden Finanzanlageformen zu Lasten des Produktivkapitals dar.[389] Die Zinsabgeltungssteuer würde sodann von den Banken oder Schuldnern der Zinserträge einbehalten und abgeführt werden. Die so versteuerten Zinserträge müssten dann nicht mehr in der Jahressteuererklärung angegeben werden.[390] Bereits das BVerfG hat sich in seinem Zinsurteil vom 27.06.1991 zu einer Abgeltungssteuer für Kapitaleinkünfte wie folgt geäußert[391]: „Es bliebe auch im Rahmen des gesetzgeberischen Einschätzungsspielraums, wenn der Gesetzgeber die ihrer Natur nach nicht einer bestimmten Person zugeordnete und geographisch nicht gebundene Erwerbsgrundlage „Finanzkapital“ dadurch erfasste, dass er alle Kapitaleinkünfte – unabhängig von ihrer Anlageform und buchungstechnischen Erfassung – an der Quelle besteuert und mit einer Definitivsteuer belastet, die in einem linearen

---

386 Kessler, FR 1990, S. 275.
387 Zur weiteren Vertiefung: Stellungnahme des wissenschaftlichen Arbeitskreises des DWS-Instituts, http://www.dws-institut.de, Stand: 28.10.2003.
388 http://www.steuernetz.de/lexikon/a7.html, Stand: 09.11.2003.
389 Frees, wistra 1992, S. 16, 21.
390 Harenberg/Irmer, Die Besteuerung privater Kapitaleinkünfte, S. 499 f.
391 BVerfG, BStBl. II 1991, S. 654 ff., 669.

Satz den absetzbaren Aufwand und den Progressionssatz in Durchschnittswerten typisiert."[392] Daran anschließend ist festzustellen, ob eine Abgeltungssteuer alle Steuerpflichtigen gleich behandelt. Die Differenz zwischen einem Steuersatz von Null und einem einheitlich festgelegten Definitivsteuersatz ist für alle, die Kapitaleinkommen erzielen, dieselbe. Die Abweichungen vom individuellen Steuersatz bei der persönlichen Einkommenssteuer in Bezug auf den für alle gleich geltenden Abgeltungssteuersatz bedeuten keinen Verstoß gegen das Gebot steuerlicher Gleichbehandlung dar.[393]

Die geplante Zinsabgeltungssteuer, deren Höhe in Deutschland noch offen ist, soll zum 01.01.2005 in Kraft treten. Zuvor war die Abgeltungssteuer mit der Steueramnestie verbunden worden, deren in Kraft treten aber bereits am 01.01.2004 erfolgt. Der Wegfall der Verknüpfung von Amnestie und Zinsabgeltungssteuer ist aus psychologischer Sicht als unvorteilhaft anzusehen.[394] Für den Zweck tatsächlicher Steuergleichheit sorgt die Abgeltungssteuer für eine Verbesserung der Situation.[395]

Nunmehr könnten alle Kapitalerträge mit der geplanten Abgeltungssteuer erfasst werden, damit die Kreditinstitute neben Zinsen auch Dividenden und andere Erträge auf Kapitalanlagen mit dem derzeit geplanten Steuersatz von 25% belegen und an die Finanzbehörden abführen.[396]

### b) Quellensteuer[397]

Das Steuerrecht in der Bundesrepublik Deutschland sieht im Grundsatz vor, dass Zinsen genauso zu versteuern sind wie Arbeitseinkünfte. Bei der letzten Vollerhebung der einkommenssteuerlichen Veranlagung wurde für das Jahr 1983 ein effektives Zinssteueraufkommen von 3,4 Mrd. DM errechnet. Bezogen auf die

---

392 Scheurle, DB 1995, S. 544, 550.
393 Donges, Abgeltungssteuer auf Kapitaleinkommen, S. 35.
394 Randt/Schauf, DStR 2003, S. 1369, 1376.
395 Jakob, DStR 1992, S. 896.
396 http://www.faz.net/s/Rub3B5979848A5C48F18F2FF729A7211ACE/Doc~E3EA45FFB16FA4AA69F3DA55C0DCC47C8~ATpl~Ecommon~Scontent.html, Stand: 09.11.2003.
397 Zur weiteren Vertiefung: Nöhrbaß/Raab, Einführung und Abschaffung der Quellensteuer.

Schätzungen der Deutschen Bundesbank für die von Privathaushalten bezogenen Zinseinkünfte i.H.v. 85 Mrd. DM ergibt sich daraus eine Effektivbelastung von 4% und eine Steuereintreibungsquote von knapp einem Zehntel, die der Staat einfordern könnte.[398] Dies zeigt, dass ein erhebliches Defizit bei der konsequenten Eintreibung des staatlichen Steueranspruchs festzustellen war.

Diesem Zustand der faktischen Nichtdurchsetzung des staatlichen Steueranspruchs sollte nach dem Plan des Bundesfinanzministeriums vom September 1987 dadurch abgeholfen werden, dass Zinseinkünfte bereits an der Quelle steuerlich erfasst werden.

So wurde am 10.10.1987 durch die damalige Bundesregierung eine Quellensteuer von 10% beschlossen. *Uldall*, damaliger CDU - Bundestagsabgeordneter, begründete in der ersten Lesung am 21.04.1988 die Einführung damit, dass der Anteil der Arbeitseinkommen zurückginge, der Anteil der Kapitaleinkommen aber steige. Ein immer kleiner werdender Teil der Bevölkerung finanziere die Staatsausgaben, während ein wachsender Teil seinen Beitrag nicht erbringe.[399]

Bei von bestimmten Doppelbesteuerungsabkommen erfassten Ausländern oder bei steuerpflichtigen Inländern sollten die so erhobenen Steuern auf die veranlagte Einkommenssteuerschuld angerechnet oder erstattet werden. Das hieße, dass daraus keine Mehrbelastungen für diesen Kreis von Anlegern resultieren, wenn er seinen Steuerverpflichtungen bisher ordnungsgemäß nachgekommen wäre. Der verschärfte Steuerzugriff zielte auf Steuerhinterzieher und nicht einkommenssteuerpflichtige Institutionen, für die der Fiskus keine Erstattung der Quellensteuer in Aussicht stellte. Die Finanzbehörde glaubte bei diesem Anlegerkreis, mit diesem niedrigen Steuersatz eine bisher unergiebige Steuerquelle anzapfen zu können, ohne Steuerausweichhandlungen auszulösen.[400] Begleitet wurde diese 10%ige Quellensteuer durch eine Steueramnestie-Regelung. In der Öffentlichkeit führte die Einführung der Quellensteuer zu einer massiven Kritik.

[398] Wenger, ZBB 1990, S. 178, 190 m.w.N.
[399] Denkert/Nickel/Ruesch, Kapitalerträge – was tun?, S. 12.
[400] Wenger, ZBB 1990, S. 178, 190.

Argumente, sie passe nicht in eine Phase, in der man sich um Deregulierung und Liberalisierung der Finanzmärkte bemühe, wie auch Attraktivitätsverlust des deutschen Finanzplatzes für Ausländer wurden diskutiert.

Bereits nach der Ankündigung der 10%igen Quellensteuer schrumpfte die Auslandsnachfrage nach deutschen Schuldverschreibungen.[401] Die Einführung führte, so *Döring*[402], „... zu einer Erhöhung des Zinsniveaus um genau den Wert der Quellensteuer, also um 10% (= 0,7 Prozentpunkte bei einem Zinsniveau von 7%). Dies traf vor allem den deutschen Staatshaushalt als dem größten Schuldner der Bundesrepublik." Insgesamt betrug der Kapitalabfluss nach Berechnungen des Rheinisch-Westfälischen Instituts für Wirtschaftsforschung in Essen in der Zeit von der Ankündigung der Quellensteuer im Herbst 1987 bis zur Aufhebung am 01.07.1989 etwa 180 Mrd. DM.[403]
Eine Quellensteuer könnte als zweitbeste Lösung in Betracht kommen. Viele Staaten haben eine solche Steuer auf Aktien-Dividenden und Zinsen. Die Quellensteuersätze betragen mindestens 20%. Die in der Bundesrepublik 1989 eingeführte Quellensteuer von 10% war, im internationalen Vergleich, eine halbherzige Maßnahme.
Durch die Einführung einer Quellensteuer wurde ein spezifischer Wettbewerbsvorteil des Landes aufgegeben.[404] Der niedrige Steuersatz war nicht realitätsgerecht und bedingte das Scheitern.[405]

### c) *Merz*-Papier

In seinem vom 03. November 2003 vorgelegtem Papier „Ein modernes Einkommenssteuerrecht für Deutschland" formuliert *Merz*[406] zehn Leitsätze für eine Vereinfachung und eine grundlegende Reform des deutschen Einkommenssteuerrechts. Die mit dieser Arbeit im Zusammenhang stehenden relevanten Aspekte werden nachfolgend aufgezeigt.

---

[401] Denkert/Nickel/Ruesch, Kapitalerträge – was tun?, S. 12.
[402] Döring, ZfbF 1991, S. 1087, 1100.
[403] Keine Kapitalflucht bei höheren Zinsen, FAZ vom 07.05.1992.
[404] Denkert, Zinsen und Steuern, S. 219.
[405] v. Hippel, BB 1990, S. 1953, 1954.
[406] stellv. Fraktionsvorsitzender der CDU/CSU-Bundestagsfraktion.

Im zweiten Leitsatz des Merz-Papiers heißt es: „Durch den konsequenten Ausbau und die Vereinheitlichung der elektronischen Datenübermittlung und Datenverarbeitung wird der Steuererklärungs- und der Steuerveranlagungsaufwand drastisch gesenkt. Dazu erhält jeder Steuerpflichtige eine Einkommenssteuer-Identifikationsnummer (SteuerPIN), die die anonymisierte Datenüber-tragung ermöglicht."[407] Begründet wird dieser Leitsatz mit der Vereinfachung für die Erklärung und Veranlagung der Steuer. Die SteuerPIN, die der Steuerpflichtige gegenüber allen Kapitalsammelstellen, die für ihn Vermögensbestandteile verwalten, angibt, würde den Quellenabzug bei der Kapitalertragsbesteuerung erleichtern.[408]

Der vierte Leitsatz fordert: „Die bestehenden ..., Freibeträge, ... werden aufgehoben."[409] Weiterführend wird im Leitsatz sieben die einheitliche Besteuerung der Kapitaleinkünfte verlangt. „Kapitaleinkünfte, die nicht Dividendenzahlungen sind, werden im Wege des Quellensteuerabzugs einheitlich mit 24% belastet."[410] Zur Begründung wird angegeben, dass zugleich die Einkommenssteuersätze drastisch gesenkt werden würden, damit die steuerliche Belastung der Kapitalerträge, die zu Ausweichreaktionen führten, reduziert werden. Zur Herstellung der Gleichmäßigkeit der Besteuerung auf Kapitaleinkünfte wird die 24%ige Quellensteuer vorgesehen, die beim Steuerinländer als Einkommenssteuervorauszahlung gilt und im Verfahren des Erklärungsvorschlags zur Lohn- und Einkommenssteuer berücksichtigt wird. Als Voraussetzung einer gleichmäßigen Erfassung der Kapitaleinkünfte wird eine umfassende Amnestieregelung zur Rückkehr des Fluchtkapitals vorgesehen.[411]

Ausblickend wird festgestellt, dass eine Reform des Steuerrechts in Deutschland den besonderen Anforderungen des gemeinsamen europäischen Marktes und der Mobilität der Bürger und des Kapitals Rechnung tragen muss. Eine Neugestaltung der Besteuerung der Kapitaleinkünfte erfordert eine Änderung der natio-

---

407 http://www.friedrich-merz.de, Ursprungskonzept_Merz.pdf, S. 8, Stand: 29.11.03.
408 http://www.friedrich-merz.de, Ursprungskonzept_Merz.pdf, S. 19, Stand: 29.11.03.
409 http://www.friedrich-merz.de, Ursprungskonzept_Merz.pdf, S. 10, Stand: 29.11.03.
410 http://www.friedrich-merz.de, Ursprungskonzept_Merz.pdf, S. 13, Stand: 29.11.03.
411 http://www.friedrich-merz.de, Ursprungskonzept_Merz.pdf, S. 27, Stand: 29.11.03.

nalen Rechtslage im Kontext der europäischen und internationalen Steuerrechtsentwicklung.[412]

### d) EU-Zinsrichtlinie

Der ECOFIN-Rat beschloss am 21. Januar 2003 eine einheitliche EU-Zinsrichtlinie.[413] Endgültig haben sich die EU-Finanzminister am 03.06.2003 auf die EU-Zinsrichtlinie und damit auf eine weitestgehend einheitliche Zinsbesteuerung geeinigt.[414]

Die EU-Zinsrichtlinie sieht vor, dass zwölf EU-Staaten ab dem Jahr 2005 Kontrollmitteilungen der Banken über die Zinseinkünfte Gebietsfremder grenzüberschreitend an die Finanzämter einführen. Im Wohnsitzland sind die Erträge dann nach den dort maßgeblichen Steuergesetzen zu versteuern. Damit wird sichergestellt, dass alle Anleger ihre Steuern zahlen, auch wenn Kapitalerträge im Ausland erzielt werden. Luxemburg, Belgien und Österreich beteiligen sich nicht daran und erheben in einer Übergangsregelung Quellensteuern auf Zinserträge der ausländischen EU-Bürger. Diese Quellensteuer soll von 2005 an zunächst 15%, von 2008 an 20% und von 2011 an 35% betragen. Drei Viertel des dadurch erzielten Steueraufkommens müssen an die Heimatstaaten der Konteninhaber abgeführt werden.
Vorgesehen ist dies auch für die Schweiz und die übrigen Drittstaaten[415] sowie für die von der EU abhängigen oder mit ihr assoziierten Gebiete (etwa Kanalinseln und bestimmte Territorien in der Karibik). Diese müssen ab dem 01. Januar 2005 automatisch Auskünfte übermitteln oder Quellensteuern erheben.[416]

---

[412] http://www.friedrich-merz.de, Ursprungskonzept_Merz.pdf, S. 35, Stand: 29.11.03.

[413] http://www.bundesfinanzministerium.de/Anlage16529/Zusammenfassung-des-ECOFIN-Rates-vom-21.01.2003.pdf, Stand: 05.08.2003.

[414] Randt/Schauf, DStR 2003, S. 1370, 1376.

[415] http://www.bundesfinanzministerium.de/Aktuelles/Pressemitteilungen-.395.16517/Einigung-ueber-EU-Zinsrichtlinie.htm, Stand: 05.08.2003.

[416] http://www.dresdner-bank.de/magazin/xjg2003/aus03/rub20_ leseproben/lprub45_steuernx/pdf_steuern.pdf, Stand: 06.08.03.

## C. Fazit

Nachdem die Grundfragen des privatrechtlichen Bankgeheimnisses[417] sowie dessen Durchbrechungstatbestände[418] in Abgrenzung zum sog. steuerlichen Bankgeheimnis[419] dargestellt worden sind, erfolgte anschließend die Betrachtung der möglichen Auswirkungen[420] nach einer Aufhebung des § 30 a AO. Abschließend wurde ein Ausblick auf die Entwicklungstendenzen im Umgang mit dem noch bestehenden steuerlichen Bankgeheimnis und den möglichen umfassenden Kontrollverfahren gegeben.
Aus staatlicher Sicht ist festzuhalten, das ein erhebliches Erhebungsdefizit im Allgemeinen sowie eine erhebliche Hinterziehungsquote im Speziellen den Staatshaushalt belastet. Der Versuch des Staates, dieses Defizit mit der Aufhebung des Bankgeheimnisses und der Einführung eines Kontrollmitteilungsverfahrens zu beheben, ist im Rahmen des Steuervergünstigungsabbaugesetzes aufgrund des massiven Widerstands[421] der Interessenvertretungen der deutschen Wirtschaft gescheitert.

Zusammenfassend lässt sich ableiten, dass die mögliche Aufhebung des Bankgeheimnisses sowohl unmittelbare als auch mittelbare Auswirkungen hat. Dabei handelt es sich nicht nur um einen speziellen Bereich. Vielmehr ist aus den Betrachtungen festzustellen, dass sowohl im rechtlichen als auch im wirtschaftlichen Bereich Effekte abzuleiten waren. Eine Prioritätszuordnung der Auswirkungen ist dahingehend nicht sinnvoll, da alle Bereiche einander bedingen.

Das Problem ist erkannt und Lösungsansätze sind vorhanden[422], jedoch ist der Kern der Lösung eines jeden Steuerproblems der Bezug zum Bürger. Der moralische Vertrauensbruch zum Bürger ist in der Bewertung schwerwiegender als jedwedes Steuerdefizit des Staatshaushaltes. Vielen Bürgern ist es wichtig, dass der Staat nicht alles über sie weiß.

[417] vgl. dazu Gliederungspunkt B. I. 1. a) f.
[418] vgl. dazu Gliederungspunkt B. I. 1. c).
[419] vgl. dazu Gliederungspunkt B. I. 2.
[420] vgl. dazu Gliederungspunkt B. III.
[421] vgl. dazu Gliederungspunkt B. II.
[422] vgl. dazu Gliederungspunkt B. IV.

Unzweifelhaft stellt sich die Frage, ob ein demokratischer Staat die Gerechtigkeitsmaßstäbe seiner Bürger durch Gerechtigkeitsvorstellungen von Fiskalpolitikern ersetzen darf. Ebenso muss der Staat seinerseits das Recht des Bürgers respektieren, dass dieser einen bestimmten Anteil seines Einkommens für sich selbst nach seinen freien Wertentscheidungen verwenden kann.

Die Umgestaltung der Zinsabschlagsteuer in eine Abgeltungssteuer und die Sicherheit, Geldvermögen in der Steuererklärung nicht offen legen zu müssen, könnte manchen „Steuerflüchtling" zur Rückkehr bewegen.[423]
Der eingeschlagene Weg der Amnestierung von Steuerflüchtigen ist vorteilhaft, wenngleich der nachfolgende Ausbau der Kontrollmöglichkeiten über ein neues Gesetz zweifelsfrei unvorteilhaft ist.

Die EU-Zinsrichtlinie wird zu guter Letzt im nationalen Raum Resignation und Frustration zumindest bei all jenen auslösen, die sich im Rahmen des Steuervergünstigungsabbaugesetzes gegen eine Einführung von Kontrollmitteilungen stark gemacht haben. Dabei stellt sich die Frage nach dem Sinn von Interessenverbänden und deren Stellungnahmen, wenngleich der Weg über eine EU-Richtlinie gegangen wird, deren Umsetzung sodann erfolgen muss.

Solange der Staat an einer umfassenden und gleichmäßigen Besteuerung interessiert ist, empfiehlt es sich, dies nicht durch das Mittel der Kontrollverfahren zu realisieren. Im Ergebnis sollte das Besteuerungsverfahren geändert werden und das steuerliche Bankgeheimnis auch künftig weitgehende Geheimhaltung gewähren.

---

[423] Denkert, Zinsen und Steuern, S. 303.

FSC
www.fsc.org
MIX
Papier | Fördert
gute Waldnutzung
FSC® C083411

Kolibri 360 GmbH
Ferdinand-Jühlke-Straße 7
99095 Erfurt, Deutschland
produktsicherheit@kolibri360.de

Druck:
CPI Druckdienstleistungen GmbH
im Auftrag der
Kolibri 360 GmbH
Ferdinand-Jühlke-Str. 7
99095 Erfurt